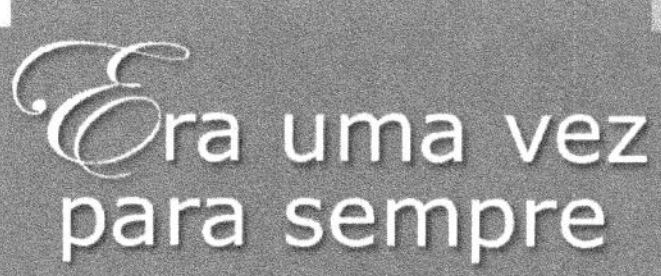
Era uma vez
para sempre

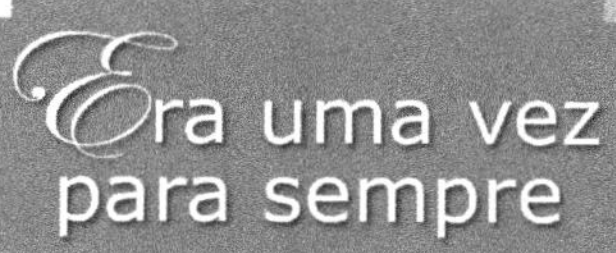

PELO   ESPÍRITO
BLANDINA
PSICOGRAFIA DE
CARLOS MALAB

Belo Horizonte
2007

VINHA DE LUZ
SERVIÇO EDITORIAL

COORDENAÇÃO EDITORIAL
Célia Maria de Oliveira Soares
Geraldo Lemos Neto | Luiz Augusto da Costa

PROJETO GRÁFICO
CAPA | DIAGRAMAÇÃO | ILUSTRAÇÕES
Luiz Augusto da Costa

DIGITAÇÃO
Carlos Malab

REVISÃO TÉCNICA
Célia Maria de Oliveira Soares
Carlos Malab | Geraldo Lemos Neto

1ª edição - junho 2007 | 2.000 exemplares

**Dados Internacionais de Catalogação na Publicação (CIP)
(Câmara Brasileira do Livro, SP, Brasil)**

Blandina (Espírito) .
    Era uma vez para sempre / pelo espírito
Blandina ; psicografia de Carlos Malab. --
Belo Horizonte : Vinha de Luz, 2007 .

1. Espiritismo 2 . Psicografia I . Malab, Carlos .
II. Título .

ISBN 978-85-99065-06-8

07 - 3566   CDD - 133.93

Índices para catálogo sistemático :

1. Mensagens mediúnicas psicografadas :
    Espiritismo   133.93

Dedicatória

Amélie Gabrielle Boudet

Pelo generoso apoio ao Codificador do Espiritismo,
Allan Kardec,
nossa homenagem nos 150 anos
do lançamento, em Paris, de
O Livro dos Espíritos.

Sumário

Apresentação

Arnaldo Rocha

CONVITE PARA UM DIÁLOGO

Alguém já disse que todo livro é um diálogo entre quem o escreve e quem o lê. Este é um belo exemplo. A autora espiritual Blandina, através da psicografia do dileto amigo Carlos Malab, aborda temas de real interesse ao leitor: as crianças, seus sonhos e suas recordações de uma vida pretérita.

Mas é uma praxe. Um livro diferente solicita uma apresentação, no universo das letras, de alguém que lhe abrace o conteúdo. O mesmo acontece nas letras espíritas, por meio de instrutores espirituais ou literatos de renome. Ora, neste livro, todavia, isto foge à regra. Não possuo valores literários e sou uma criatura de poucas letras.

Vovó Angel, amorosamente, cuida do amparo e da educação de crianças na primeira infância e início da puberdade. A Doutrina Espírita informa-nos que o espírito reencarnado, até os sete anos, recorda e sonha com fatos da vida anterior. Desta caminhada até a puberdade suas tendências e qualidades são afloradas, herdeiros que somos de nós mesmos.

Todos os pais conhecem a imensa série de perguntas que nos é apresentada. Muitos acham que são fantasias. Alguns procuram respostas com psicoterapeutas. E isto, lamentavelmente, ocorre em lares espíritas.

Em nosso lar, nossa filha Moyra, desde os quatro anos de idade, possuía um "amiguinho" muito alegre e brincalhão. "Meu amigo Atines", ela dizia. Hoje o Atines é seu filho mais velho, o Felipe.

Blandina fala da necessidade de esclarecimento, do culto evangélico, do valor da oração e do diálogo sincero.

Livro que deve ser lido pelos pais e pelas crianças.

Uma agradável leitura.

Agradeço ao Malab a honra que nos foi dada.

O PERFUME INDIVIDUAL

Pelo suave perfume das rosas podemos imaginar a perfeição e a pureza de sua fonte geradora. O que vem dos jardins de Vovó Angel chega até nós em histórias singelas, que tocam fundo o nosso coração.

Quanto ensinamento e aprendizado podemos tirar das mentalizações e atitudes do nosso dia-a-dia! O grande teste para cada um de nós está na vivência real do Evangelho nos embates do cotidiano.

As crianças, com sua singeleza e abertura natural de coração e mente, são como uma grande janela aberta para o aprendizado no bem. E uma casa precisa, para permanecer saudável, estar aberta à ventilação renovadora para receber o sol fortificante e purificador. É assim que caminhamos até Deus, com os passos diminutos ou largos de nossa capacidade interior.

Necessitamos, pois, aprender sempre e renovar conceitos, aproveitando o sol grandioso dos ensinamentos de Jesus.

Conta-se que, certa vez, uma ventania muito forte chicoteou a Terra, sem piedade. Muitas árvores frondosas cederam e foram ao chão. Outras ficaram abaladas, mas resistiram. Uma pomba de bando encontrou, não se sabe como, um ovo diferente em seu ninho. Ao invés de rejeitá-lo, ela tratou daquele ovo estranho com o mesmo carinho que dedicava aos seus.

O tempo foi passando e, com muito esforço, a pequena pomba alimentou suas crias, notando, contudo, que uma era diferente nas exigências alimentares e na aparência física. Porém, incondicionalmente, a singela ave deu o melhor de si como mãe extremosa, diariamente.

Finalmente, todos alçaram vôo e a pomba percebeu a agilidade e a esperteza da cria de feições e tamanho totalmente diferentes, com um bico mais longo e peito amarelado. Não se preocupando com o fato, continuou instruindo a todos com o maior carinho e atenção.

Um dia, todos partiram e novos ninhos foram formados como uma conseqüência da sucessão na Natureza. Em cada qual brotavam vida e alegria, mas, em certo momento, uma sombra ameaçadora surgiu no céu, pronta para atacá-los.

Os pais, atônitos, não sabiam como agir e proteger os recém-nascidos, pois a ave de rapina era grande, poderosa, e ameaçava a eles próprios. Foi neste momento que o filhote diferente apareceu e, com a sua agilidade e prontidão, bicou, de todos os lados, a ave indesejada, sem deixar ser apanhado, afastando o perigo com sucesso. Todos respiraram aliviados e dali para frente valorizaram muito o auxílio daquele irmão.

Estas páginas são uma contribuição à infância e à juventude que estão em torno e em todos nós. Aproveitemos os esclarecimentos preciosos vertidos da Espiritualidade Maior pela Doutrina Espírita, transcritos aqui em narrativas breves, mas repletas de sabedoria e nobreza de sentimentos, enfeixando a mensagem de vida eterna que o Cristo nos legou.

Os amigos espirituais, que voejam no bem, na verdade e na justiça divina, trabalhando incessantemente no combate ao mal que aprisiona o ser no charco das ilusões humanas, desejam que o perfume de Deus penetre o nosso coração sempre e sempre, para que possamos exalá-lo como anúncio de cada um de nós, Seus filhos, onde estivermos, com quem estivermos.

24 de setembro de 2006.

A grande janela

Certa vez, algum tempo atrás, as crianças da casa de Vovó Angel preparavam-se para deitar.

Era um hábito na casa de Vovó Angel reunir as crianças para uma conversa noturna antes de todos irem para a cama.

Um outro hábito que ela cultivava também era o de se fazer uma **prece** após os comentários. Por isso, os momentos antes de dormir eram mágicos, pois permitiam que as crianças perguntassem o que quisessem. Geralmente, elas questionavam acerca dos acontecimentos do dia.

Vovó Angel era sempre muito **inspirada** e cuidava com muito carinho de sete crianças órfãs que lhe foram confiadas pela comunidade. Ela havia trabalhado muitos anos como funcionária pública graduada e, sendo viúva, com filhos morando em outros países, decidira abrigar como seus filhos algumas crianças desamparadas.

- Vovó Angel, quem criou a lua e as estrelas? Por que elas brilham tanto à noite? - perguntou Joana, uma simpática menina de sete anos, com longas tranças.

Vovó Angel olhou com muito carinho para o céu, através da grande janela do quarto, e lembrou-se de Deus. Em seguida, olhou para as crianças. Vendo aqueles rostos ingênuos refletindo dúvida e esperança, pensou como poderia ser simples e objetiva na resposta.

Cheque as palavras em **destaque** no Glossário à página 163.

Além de Joana, Vovó Angel notou um especial interesse em Larine e em Sebastião, pois os olhos dos dois brilhavam de curiosidade. Lari e Tião, como todos os chamavam, eram irmãos **gêmeos** de nove anos, que haviam perdido os pais em um acidente rodoviário.

Após pensar um pouco, Vovó Angel começou a falar assim:

- Meus filhos, todas as maravilhas da Natureza - o céu, a Terra, a lua, as estrelas -, e todos nós fomos criados por Deus. A lua e as estrelas que iluminam nossa noite mostram como somos pequenos diante da Natureza e como temos tanto a aprender!

Nesse momento, Vovó Angel se lembrou do Dr. Anselmo, o médico que atendia às crianças.

- O Dr. Anselmo - disse ela - estuda muito as **ciências** e fala que as estrelas são como o nosso sol e só parecem pequenas por que estão muito longe da Terra. A lua, por sua vez, é bem menor que as estrelas, não possui luz própria, mas para nós parece maior!

As crianças fizeram cara de espanto e ficaram mais

curiosas. Lari não agüentou esperar mais e perguntou:

- Como pode a lua parecer maior e na verdade ser menor que as estrelas?

Vovó Angel refletiu com calma sobre a pergunta e percebeu que por trás da questão havia o nosso engano **típico** de julgar coisas e pessoas pelas aparências. E afirmou:

- Lari, minha querida, esta é uma lição que a Natureza nos dá todo dia! Não podemos julgar pelo que os nossos olhos vêem. Na maioria das vezes, nos enganamos profundamente. Tanto a lua quanto as estrelas são importantes, mas dependendo de como e de onde as observamos elas são maiores ou menores para nós!

Tião, que até aquele momento tinha ficado calado e não queria ficar para trás, perguntou:

- Vovó, e como é que Deus construiu tudo isso?

Vovó Angel refletiu na profundidade da pergunta. Raciocinando sobre o quanto estamos longe de uma resposta definitiva, respondeu com o coração e com simplicidade:

- Tião, eu não sei como Ele criou, só sei que foi com muito amor. Se olharmos como tudo se encaixa perfeitamente na Natureza, teremos uma idéia da **dimensão** de Deus, pois a Criação reflete o Criador. O Sr. Joaquim, **expositor** espírita, sempre diz que Deus é soberanamente justo e bom!

Então Vovó Angel percebeu o adiantado da hora e, como de costume, solicitou que uma das crianças fizesse a prece de dormir. Cada noite a responsabilidade da prece era de uma criança. Aquela era a noite de Pedrinho, garoto de sete anos que, após uma bocejada, orou bem de mansinho:

- Papai do Céu querido, protege a nossa casa, a Vovó Angel, o Dimba e todos nós. Que amanhã possamos estar alegres e fortes. Que façamos os nossos anjos da guarda felizes. Obrigado, Papai do Céu. Boa noite!

Vovó Angel sorriu com a singela lembrança do Dimba, o cachorrinho de estimação da família. Beijou cada criança, colocando-as em suas camas. Depois apagou as luzes da casa, refletindo na bondade de Deus.

A mudança de roupa

Chovia na cidade já por alguns dias e pela grande janela da casa de Vovó Angel podia-se ver as gotas que vinham do céu, trazendo uma água **abençoada**.

Já estavam todos reunidos para os comentários noturnos quando Mateus, que tinha oito anos, e era o mais **impressionável** da casa, perguntou:

Cheque as palavras em **destaque** no Glossário às páginas 163 - 164.

- Vovó Angel, os fantasmas existem? Joana me disse que já viu um!

Vovó Angel lembrou-se do **episódio** a que Mateus se referia. Tratava-se de uma visão que Joana tivera na semana anterior, de uma senhora parada no corredor da casa, vestida com uma túnica branca esvoaçante e segurando um candelabro. Ela sabia que tais fatos eram normais e que crianças até os catorze anos viam - não sabia explicar o porquê - os espíritos, com mais facilidade.

- Mateus, meu anjo - disse Vovó Angel - os fantasmas de que você ouviu falar nada mais são do que espíritos que algumas pessoas conseguem enxergar, ouvir ou sentir. Você sabia que todos nós somos espíritos?

Ao que ele respondeu:

- Não sabia, Vovó!

Vovó Angel continuou:

- Pois bem: quando estamos vivos na Terra, dizemos que somos "espírito **encarnado**." Quando deixamos esta vida, passamos a ser chamados de "espírito **desencar-**

nado." É como se mudássemos de roupa! Contudo, o espírito continua o mesmo ao passar para a vida espiritual, retornando à nossa verdadeira pátria, de onde viemos! Todos nós passaremos, mais cedo ou mais tarde, por esta transição!

- Vovó Angel - disse Joana, curiosa - se eu vir um espírito novamente, o que eu faço?

- Faça uma prece! - falou Pedrinho, ligeiro.

- Muito bem, Pedrinho! - retornou Vovó Angel. - A prece é sempre uma boa alternativa! Devemos sempre orar e nos lembrar com carinho daqueles que já partiram para a vida espiritual!

Lari e Tião estavam doidos para entrar na conversa, mas foi Cristina, a loirinha de seis anos, cabelos curtos e ondulados, e a mais sapeca do grupo, quem falou, choramingando:

- Vovó Angel, eu tenho medo dos espíritos!

- Medo, Cris? Por quê? - interrogou Vovó Angel, reparando nos olhinhos temerosos da pequenina.

- O Tião me disse - respondeu Cris - que se eu não me comportar os espíritos vêm puxar a minha perna de noite, na cama!...

Vovó Angel refletiu por um instante e sentiu que a reação de Cris era a mesma de muitos adultos, que também tinham, por ignorância, medo dos espíritos. Sabia, por experiência, que os espíritos podem ser bons ou maus, como os próprios seres humanos, mas que eles só agem no espaço que damos pelas nossas ações e pensamentos.

Tião havia baixado os olhos, envergonhado. Vovó Angel, notando que ele estava arrependido, e não querendo importuná-lo, respondeu à Cris:

- Cris, minha linda, não se impressione. Os espíritos somente nos prejudicam, ou ajudam, se deixarmos. Nenhum espírito vai lhe puxar as pernas!!!

Como todas as crianças estavam cansadas, mas o assunto despertava muito interesse, Vovó Angel propôs chamar o Sr. Joaquim para explicar, no momento oportuno, como era possível ver, ouvir e obter mensagens dos espíritos. Vovó Angel disse às crianças que havia assistido a uma **palestra** dele, muito interessante, sobre a **me-**

diunidade e que certamente ele esclareceria muitas dúvidas.

A hora da prece chegara. Como era a noite da Cris
ela orou assim:

- Papai do Céu querido, ajude a todos nós aqui em
casa, na rua e na escola. Obrigada!

Todos foram para as suas camas e Vovó Angel apagou as luzes.

Na casa só se escutava o barulho das gotas de chuva
nas folhas das árvores do jardim.

02 PAGIN rev 03_ 09 05 07.indd   25
10.05.07   15:28:38

Observando as pipas

As pipas enfeitavam o céu azul e as crianças se divertiam em fazer **malabarismos** com os pequenos artefatos de papel. Vovó Angel acompanhava o entusiasmo das crianças e pensava consigo mesma que a verdadeira felicidade se encontrava nas coisas mais simples.

Cheque as palavras em **destaque** no Glossário às páginas 164 - 165.

As crianças haviam combinado um campeonato de pipas e cada uma preparou a sua. Os **critérios** de julgamento para estabelecer o ganhador foram os mais diversos e todos estavam muito envolvidos no projeto.

A conversa na casa durante toda a semana versou sobre o concurso. Desde as hastes de bambu bem finas até os desenhos, tudo foi feito com atenção e com a colaboração de todos.

Vovó Angel dizia sempre que o que importava era o espírito de equipe e participação. As crianças maiores, com mais experiência, davam todas as dicas para as menores.

Cris, a loura sapeca, olhando para as pipas no céu, perguntou à Vovó Angel:

- Vovó, como é que os espíritos ficam no céu? Eles voam?

- Cris, meu amor, sua pergunta é muito interessante! Os espíritos, como você sabe, estão em níveis de evolução diferentes. Quanto mais evoluído é o espírito mais leve **vibracionalmente** ele é, e pode viver em planos superiores. Os espíritos inferiores, devido às suas vibrações "pesadas", muitas vezes pensam que têm as limitações do corpo físico e ficam presos ao chão, como nós mesmos, os encarnados!

Vovó Angel refletiu por alguns instantes, olhou para Cris e viu que a menina estava muito interessada no assunto. Então, continuou:

- Os espíritos superiores, quando se transportam de um ponto para outro, o fazem pela **volitação**, que é como voar. Assim eles ganham tempo e podem cumprir melhor as suas tarefas. Alguns espíritos, ou pela inferioridade ou pelas circunstâncias de trabalho, caminham e usam veículos de transporte, como nós mesmos! Você entendeu, Cris?

- Mais ou menos, Vovó. – **titubeou** a menina. - E como é que eles têm cidades e vivem em cima da nossa cabeça e não caem?

Vovó Angel sorriu e, olhando para as pipas coloridas no céu azulíssimo, explicou:

- Muito simples, Cris! Veja o exemplo das pipas: elas

são mais pesadas que o ar e se não houver vento elas caem no chão. O mesmo não acontece com as nuvens. Elas são formadas por gases que, embora sejam matéria, podem ficar no céu sobre nossas cabeças sem cair. Quanto mais leve for o material da nuvem, mais alto ela poderá chegar. Com os espíritos acontece algo bem parecido. Quanto mais evoluídos eles são mais podem se elevar! Alguns espíritos, para se manifestarem entre nós, têm que **adensar** o seu perispírito. Você se lembra do que é o perispírito?

- É o corpo do espírito no céu? – a menina arriscou.

- Isso mesmo, Cris. O **médium clarividente** pode enxergar um espírito por sintonizar a faixa de vibração do seu perispírito. Pode ocorrer também que um espírito esteja do lado de um outro, mas não seja visto por ele por ambos estarem com vibrações muito diferentes.

- As casas dos espíritos são feitas de tijolos também, Vovó?

- Sim, Cris, só que em diferentes estágios de vibração. Veja: a mesma água que corre nos rios pode estar nas nuvens como gás e ficar dura como pedra num cubo de gelo. No entanto, ela não deixa de ser água!

Pedrinho aproximou-se das duas e, ouvindo a explicação de Vovó Angel, perguntou:

- Vovó, no mundo espiritual tem televisão também?

- Claro, Pedrinho! Podemos até dizer que a televisão na Terra é uma cópia da que existe no mundo espiritual. Os espíritos informam que existem lá muitas outras ferramentas e **apetrechos** que não conhecemos ainda, mas que no momento certo aparecerão entre os homens, como novas invenções. Crianças, vocês já ouviram dizer que o pensamento é força?

- Sim, Vovó, mas não entendi como!!! - respondeu Pedrinho.

- Pois bem, meus anjos, o nosso pensamento **interage** com o ambiente que nos rodeia. É assim que criamos em torno de nós quadros vivos que refletem o que se passa em nossa mente. Se estivermos nervosos, com raiva ou chateados, naturalmente criamos em torno de nós imagens vivas do nosso sentimento e atraímos os espíritos que gostam dessas vibrações. É por isso que é muito importante cultivarmos a oração e os bons pensamentos, para garantirmos sempre as melhores companhias espirituais!

Vovó Angel percebeu que Cris e Pedrinho estavam muito impressionados. Desejando mudar de assunto para que as crianças refletissem sobre o novo ensinamento, convidou-as a dar notas para as pipas, lembrando-as do concurso.

Cris e Pedrinho juntaram-se às outras crianças. Enquanto isso, Vovó Angel ficou olhando para o céu, raciocinando na perfeição da Criação e no quanto ainda tinha que aprender.

No jardim das rosas

Numa manhã muito bonita, com o céu bem azul, vamos encontrar Vovó Angel trabalhando em seu jardim.

Sua paixão eram as rosas e ela cultivava as mais diversas espécies. Todos na pequena cidade admiravam o jardim, que possuía a mais variada coleção de roseiras. Era como se as rosas brancas, vermelhas e amarelas refletissem a **harmonia** daquele lar.

Cheque as palavras em **destaque** no Glossário às páginas 166 - 167.

Vovó Angel dava especial atenção à grande roseira de rosas brancas quando notou, ao seu lado, a presença de Paula.

Paula era a mais velha da turma. Tinha dez anos de idade e acabara de chegar de uma **excursão** promovida pela escola pública que freqüentava. Ela tinha ficado três dias fora.

- Vovó Angel, senti muito a sua falta, e de todos de nossa casa em minha viagem!

- Nós também sentimos a sua falta, Paulinha!!! Está tudo bem?

- Sim... mas gostaria de lhe contar uma coisa...

- Fale, minha filha...

- É que aconteceu algo muito estranho durante o passeio... Quando chegamos à cidade, senti que conhecia muito bem o lugar. Os **sítios** históricos eram-me comuns na memória e eu sabia, de uma forma que não sei explicar, até o nome de algumas igrejas! Foi muito estranho... Depois disso, fomos hospedadas num colégio, que nos abrigou com muito carinho. Ao dormir, sonhei que vivia em um de seus grandes casarões, que era muito rica, que tinha lindos vestidos, mas que era muito chata: maltratava as pessoas e só gostava de festas!

Paula parou de falar por uns instantes. Estava com a voz presa na garganta e lágrimas nos olhos. Olhou para Vovó Angel e, como a viu muito serena, continuou:

- Fiquei muito assustada e não falei nada com as colegas. O que será que aconteceu, Vovó Angel? Como explicar esse sonho?

Vovó Angel olhou fundo nos belos olhos castanhos-esverdeados de Paula e pensou por breves instantes em como responder àquela questão.

Lembrava-se muito bem do estudo sobre a **reencarnação**. Como Deus era bom em permitir que retornássemos à Terra, numa outra vida, para que aprendêssemos e reparássemos nossas faltas passadas. Como era perfeito e justo o **mecanismo** do esquecimento das outras vidas! Somente assim podíamos começar de novo, sem revelar as nossas falhas anteriores. "Sim", pensou ela, "a reencarnação é uma bênção. O que ocorrera a Paula foi muito especial e, certamente, um aviso e uma oportunidade para ela se conhecer melhor."

- Paulinha, nós somos espíritos imortais e já vivemos muitas vidas! - falou Vovó Angel. - O que ocorreu com você está me parecendo uma **regressão**, na qual você se lembrou de fatos de uma vida anterior. Deus, às vezes, permite que isso ocorra para nos alertar de nossos deveres e necessidades. Sugiro que você **medite** sobre essa revelação e aproveite seus ensinamentos.

Paula olhou admirada para Vovó Angel e perguntou a si mesma se seria esta a explicação para os fatos da sua vida atual. Já havia chorado muito pensando sobre a sua condição de menina órfã, sem uma raiz familiar. Vovó Angel era um amor, mas ela sentia falta de um pai, de uma mãe, como tinham as outras crianças de sua escola. Sentia-se, muitas vezes, diminuída, e isto a fazia sofrer muito. Nesses momentos, pensava que Deus não era justo e se sentia abandonada. Agora começava a ver a sua vida por um **ângulo** diferente.

Vovó Angel percebeu que Paula estava **interiorizando** a lição e foi delicadamente montando um arranjo de rosas, caminhando por entre as muitas roseiras. Fez um

lindo buquê, com rosas de variadas cores, tamanhos e aromas, e o ofereceu a Paula, dizendo:

- Minha filha, aproveite a lição. Quando sabemos seguir os **desígnios** de Deus, nossas vidas se transformam em rosas, a **exalarem** maravilhoso perfume para a Eternidade.

Neste momento, emocionadas, elas se abraçaram e deixaram algumas lágrimas rolarem pelas faces asserenadas.

A menina e a nobre senhora adentraram a casa, com a certeza de que todos nós colhemos o que plantamos, mas sempre sob a **misericórdia** de Deus.

O passeio na cachoeira

Todas as crianças estavam reunidas, ansiosas e prontas para o passeio daquele dia. Até o cachorrinho Dimba estava junto ao grupo, sem saber o que fazer, indo de um lado para outro.

Era feriado e Vovó Angel conseguira com o Sr. Antônio, dono de uma padaria da cidade, o transporte para as crianças visitarem a grande cachoeira "Véu da Noiva".

O dia não poderia estar mais bonito! O sol banhava todas as paisagens, **conferindo** um ar de alegria e de felicidade. A cachoeira ficava a 40 minutos da cidade, numa área preservada, cheia de árvores e de plantas de todas as espécies. Assim, todos acomodados, o veículo partiu e eles foram pelo caminho, apreciando a Natureza.

Como os campos estavam verdes! Todos ficaram maravilhados com a famosa cachoeira. Era enorme, muito alta, e a água caía formando uma cortina fina e refrescante.

Lari, Tião, Cris, Joana e Mateus correram para a beira do pequeno lago ao pé da queda d'água e, sem demora, caíram nele. Paula preferiu caminhar por suas margens para catar pedrinhas de diferentes formas e tamanhos.

Vovó Angel e Pedrinho, que estava se recuperando de uma gripe, sentaram-se à sombra de formosa árvore, que parecia muito velha.

Vovó Angel procurava distrair o garoto com a presença do Dimba, que saltava feliz, fazendo piruetas diversas

---

Cheque as palavras em **destaque** no Glossário às páginas 167 - 168.

ao seu **comando**. Pedrinho, olhando para Dimba que obedecia cegamente, perguntou:

- Vovó Angel, os bichos têm espírito?

Vovó Angel ficou surpresa com a pergunta feita assim, de repente, e lembrou-se de que quando era criança tivera a mesma dúvida. Somente com o passar dos anos, e com o estudo, é que foi entender que Deus tinha um **roteiro** de **evolução** para todos os seres e **reinos** da Natureza. É que as plantas e os animais são seres da criação de Deus, em evolução, e possuem um princípio espiritual. Somente quando conquistam a etapa evolutiva do pensamento contínuo chegam ao estágio de ser considerados espíritos. A evolução não dá saltos. Como explicaria isto a Pedrinho? Pensou e decidiu responder nestes termos:

- Pedrinho, querido, a sua pergunta é muito **pertinente**! Sim, as plantas e os animais possuem um princípio espiritual e evoluem até serem espíritos um dia!

- Quer dizer, Vovó, que já fomos vegetais e animais?

- Sim, Pedrinho, mas isso foi há muito e muito tempo! A evolução é como uma estrada muito longa, **envol-**

ta em névoa, onde só conseguimos enxergar, com muito custo, um pequenino pedaço em volta de nós. Veja o Dimba: o seu princípio espiritual vem evoluindo e ele já tem **lampejos** de pensamento contínuo, que o preparam para, um dia, após incontáveis vidas e experiências, conquistar, com as bênçãos de Deus, a posição de espírito e dar vida a um corpo humano. Você entendeu, Pedrinho?

- Sim, Vovó Angel. - Pedrinho continuou a brincar com Dimba, jogando gravetos para o cãozinho buscar.

Vovó Angel olhou para Pedrinho e percebeu que o assunto merecia ser comentado e estudado com mais tempo e carinho, para ser bem entendido, pois era muito **complexo**. Muitos adultos não entendiam e não aceitavam a **teoria** da evolução espiritual, procurando ainda na Terra o elo de ligação entre o homem e o macaco. Este elo, na verdade, como explicava Dr. Anselmo, estava no mundo espiritual.

Após algumas horas de brincadeiras, e repetidos banhos de cachoeira, todos estavam famintos e cansados.

Vovó Angel, percebendo que era tempo de lanchar, chamou todas as crianças e abriu uma cesta de sanduíches e broas. Antes de comerem, como de hábito nas refeições, pediu a todos que ficassem quietos para uma pequena prece. E orou:

- Pai amado, agradecemos-Lhe estes momentos de alegria e de paz. Obrigada, Senhor, pelo alimento que temos em nossa mesa e por este contato com a Natureza. Obrigada a todos que nos ajudam e hoje, em especial, ao Sr. Antônio, quem nos trouxe aqui. Ampare-nos, Senhor, hoje, agora e sempre.

Era tanto o apetite que nada sobrou na cesta. Após uma caminhada pelas trilhas floridas do campo em volta da cachoeira, era chegada a hora de partir. Acomodados novamente no veículo, todos ficaram tristes porque estavam indo embora.

Tião sentou-se próximo de Vovó Angel e disse a ela, sentindo-se o **porta-voz** do grupo:

- Vovó Angel, podemos voltar aqui de novo, um outro dia?

- Claro, Tião! Voltaremos sim, pois temos que aproveitar esse contato com a Natureza!

E olhando para a criançada Vovó Angel afirmou:

- Não fiquem tristes, pois há sempre uma hora para começar e para terminar tudo em nossas vidas. Temos que entender isto!

Em casa, todos já reunidos para dormir, só tinham comentários sobre a beleza da cachoeira e do campo.

Vovó Angel apagou as luzes e, caminhando lentamente para o seu quarto, foi agradecendo silenciosamente a Deus por todas as bênçãos do dia.

A torneira da sintonia

Era domingo e o relógio indicava cinco horas da tarde. Vovó Angel havia pedido a todas as crianças que se reunissem para uma conversa especial com o Sr. Joaquim.

Ela havia prometido trazer o amigo para falar sobre mediunidade. O assunto havia sido comentado em uma das reuniões na casa e todos haviam ficado curiosos.

O Sr. Joaquim era um experiente expositor espírita da cidade e dava apoio às atividades de auxílio na casa de Vovó Angel. As crianças já estavam habituadas a conversar com ele sobre os mais diversos assuntos e o chamavam carinhosamente de Tio Joca.

Estando todas as crianças reunidas, o Sr. Joaquim começou a **explanação**, dizendo:

- Crianças, vamos falar hoje sobre um tema muito importante para as nossas vidas: mediunidade. A mediunidade é a capacidade que temos de intermediar o mundo espiritual com o nosso mundo.

- Tio Joca, - perguntou Cris - o que é intermediar?

- Boa pergunta, Cris! Intermediar é fazer a comunicação entre dois lados. É como se fosse um correio entre duas pessoas que não podem se falar. Um outro exemplo é o do cano que leva a água da caixa d'água até uma torneira. Neste caso, o cano e a torneira são intermediários para que a água possa chegar até nós. Os espíritos utilizam o médium como meio de comunicação. Para haver a

---

Cheque as palavras em **destaque** no Glossário à página 168.

comunicação entre o plano espiritual e o plano material é necessário o transporte da mensagem, que é possível somente se temos sintonia. Ter sintonia é como comandar a torneira por onde a água vai passar. O médium tem a capacidade, em diversos graus, do controle do processo de comunicação.

- Tio Joca, - interrompeu Joana - eu já vi um fantasma! Será que eu sou médium?

- Ora, Joana, na verdade você viu um espírito! E a mediunidade que permite vê-los é chamada de clarividência. Quando você o viu estava sendo médium! Podemos dizer que todos nós somos médiuns e que a mediunidade tem muitas variações!

O Sr. Joaquim parou um instante para verificar como estava a **assimilação** da explicação e notando o interesse das crianças continuou:

- Além da clarividência, temos outros tipos comuns de manifestação mediúnica, que **propiciam** a transmissão de mensagens! Como a psicografia, através da escrita, a psicofonia, através da fala, e a intuitiva, onde o médium registra idéias ou pensamentos gerados por influência dos

espíritos. A mediunidade de materialização é muito mais rara e é aquela para a qual o médium cede elementos físicos que, em conjunto com outros, reunidos pelos espíritos, propicia a materialização de objetos e dos próprios espíritos!

E emendou:

- Uma coisa muito importante, crianças: só haverá comunicação se a torneira estiver aberta, isto é, se entramos em sintonia com os espíritos!

- Tio Joca, eu acho que o Dimba é médium, - falou Pedrinho - pois parece que ele vê os espíritos! Às vezes, ele late para a parede, sem motivo!!!

- Pode ser, Pedrinho, pode ser... Alguns animais têm tal capacidade, mas temos que tomar cuidado, pois o Dimba tem uma excelente audição e pode estar reagindo, nesses casos, a um ruído que você não escuta!

O Sr. Joaquim ainda falou por algum tempo sobre mediunidade, dando exemplos práticos e esclarecendo que a realização do médium é ser um instrumento fiel de Deus.

Durante a palestra afetuosa, Vovó Angel permaneceu calada, deixando que o Sr. Joaquim e as crianças ficassem à vontade para estudar o tema. Vinham à sua mente os casos que ocorriam na reunião mediúnica de que participava. Pensava em como a mediunidade era capaz de auxiliar tanto aos homens quanto aos espíritos. Muitas vezes, manifestavam-se almas que desconheciam haver deixado a vida física. O orientador das reuniões, o Sr. Rochedo, pacientemente lhes auxiliava a entender que estavam em uma vida nova. Outras vezes, comunicavam-se espíritos que se sentiam doentes e fracos, e que eram socorridos e levados a hospitais no mundo espiritual.

Após meia hora de estudo esclarecedor, e conforme combinado previamente, Vovó Angel pediu a palavra e agradeceu ao Sr. Joaquim, convidando-o a retornar mais vezes. Pediu a Paula que fizesse a prece.

E ela orou:

- Senhor Jesus, agradecemos por tudo que aprendemos hoje e pedimos a sua proteção para a nossa casa, para Vovó Angel, para o Tio Joca, e para todos nós! Auxilie-nos, Senhor, a praticar o bem e a estar sempre com os bons espíritos. Obrigada, e que assim seja!

Vovó Angel despediu-se do Sr. Joaquim e ficou meditando sobre os ensinos do espírito de André Luiz: *"Mediunidade elevada ou percepção edificante não constituem atividades mecânicas da personalidade e sim conquistas do espírito."* [1]

---

[1] Nota do médium: a referida citação encontra-se à página 33, do Capítulo 3, da 11ª edição do livro *Missionários da Luz*, psicografado em 1945 por Chico Xavier, ditado pelo espírito de André Luiz. Obra editada pela Federação Espírita Brasileira (FEB), Rio de Janeiro.

Um novo culto no lar

O fim da tarde de domingo **transcorria** tranqüilo na casa de Vovó Angel. As crianças preparavam o material escolar da semana e revisavam as lições para as aulas de segunda-feira. Pedrinho e Cris brincavam com o **afoito** cachorrinho Dimba.

Vovó Angel e Paula, no entanto, preparavam-se para sair. A menina estava muito animada, pois participaria do **estabelecimento** de um novo "**culto** no lar".

Cheque as palavras em **destaque** no Glossário às páginas 168 - 169.

Vovó Angel havia sido convidada a introduzir o "culto no lar" na casa de Dona Ana e convidara Paula para acompanhá-la e ajudá-la na tarefa.

Dona Ana era casada com o Sr. Jorge. O casal tinha dois filhos: Gabriela, de nove anos, e Francisco, de oito.

Dona Ana estava estudando o Espiritismo há algum tempo e desejava seguir o exemplo de Vovó Angel, implantando um culto do Evangelho em sua casa. No entanto, não sabia como fazê-lo e convidara a vizinha para ensiná-la.

- Por que o culto do Evangelho no lar não é feito em todas as casas, Vovó Angel? - perguntou Paula, no caminho.

- Você tocou num assunto muito importante! – disse Vovó Angel, satisfeita com a pergunta. - Ele não é feito, Paulinha, porque a maioria dos lares não despertou ainda para o valor da formação e da exemplificação **moral** em casa. O culto é uma oportunidade maravilhosa para o estudo do Evangelho de Jesus e para harmonizar o ambiente onde vivemos. Com ele, **ensejamos** aos amigos espirituais que nos amparem. Cada lar onde ele se estabelece torna-se um ponto de luz na Terra!

Paula olhou intrigada para Vovó Angel, pois convivia com a prece e com comentários diários sobre o assunto. Aquilo lhe parecia tão natural que não entendia como em outros lares não se fazia o mesmo.

As duas seguiam a pé para a casa de Dona Ana, levando com elas um exemplar de *O Evangelho Segundo o Espiritismo*, de Allan Kardec. [1]

Chegando lá, foram recebidas com muito carinho por todos e, após se acomodarem em torno da mesa principal da casa, Vovó Angel explicou:

- O culto do Evangelho no lar é uma bênção de Deus sobre a nossa casa, pois nos familiariza com os ensinos do Cristo e exige de nós atenção e disciplina. Sugerimos que seja feito com simplicidade e clareza, sendo iniciado e finalizado com uma prece. Para a sua realização, deve ser escolhido o melhor dia e horário para a família, ocorrendo, pelo menos, uma vez por semana.

---

[1] Nota do médium: *O Evangelho Segundo o Espiritismo* é o terceiro livro da chamada codificação kardequiana, lançado em Paris, em 1864.

Vovó Angel pediu que Paula **proferisse** a prece de abertura daquele primeiro culto no lar de Dona Ana. Depois, recorrendo ao *O Evangelho Segundo o Espiritismo*, encontrou no Capítulo XIX a lição *A fé transporta montanhas*. Após a leitura dos itens 1 a 5, Vovó Angel abriu a palavra para comentários e perguntas.

- Senhora Angel, - perguntou o menino Francisco - como é que podemos "transportar montanhas"?

Ao que Vovó Angel respondeu com **presteza** e carinho:

- Francisco, meu querido, o que Jesus quis nos dizer é que se temos fé conseguimos retirar todos os obstáculos do nosso caminho, mesmo aqueles que consideramos impossíveis. Antes de conseguirmos qualquer coisa, temos que acreditar em nós mesmos para alcançar o que queremos. Os espíritos nos esclarecem que a fé é a mãe da esperança e da **caridade**.

Dona Ana e o Sr. Jorge mantiveram-se em silêncio, mas podia-se perceber a vontade deles de participar e o grande respeito e consideração para com as explicações de Vovó Angel. Sendo assim, o Sr. Jorge pediu a palavra, comentando, entusiasmado:

- O Sr. Rochedo, **dirigente** da reunião espírita, da qual participamos, sempre nos afirma que a fé religiosa não se impõe. Ela é desenvolvida pelas pessoas conforme os seus valores interiores. Ele sempre lembra Allan Kardec na afirmativa: *"Fé inabalável só é a que pode encarar de frente a razão, em todas as épocas da humanidade"*.[2]

- Boa lembrança, Sr. Jorge! - confirmou Vovó Angel.

- Angel, - perguntou Dona Ana – e como no mundo espiritual se reúnem as pessoas das várias crenças religiosas?

Olhando para cada um dos presentes, a nobre senhora respondeu:

- No mundo espiritual, nos reunimos pelas nossas **afinidades**! Por isso continuamos a contar, até certo grau de evolução espiritual, com **agremiações** religiosas, como

---

[2] Nota do médium: a referida citação encontra-se no livro *O Evangelho Segundo o Espiritismo*, Capítulo XIX, item 7, 125 ed., FEB, Rio de Janeiro, 2006.

na Terra. O que importa realmente é como colocamos em prática os nossos sentimentos de **fraternidade** e de amor ao próximo!

Querendo incentivar a participação de Paula e de Gabriela, Vovó Angel pediu que elas citassem algum fato de suas vidas no qual exercitaram a fé em Deus.

- Quando minha professora de Português ficou muito doente, todos nós oramos e pedimos a Deus que a ajudasse. A diretora da escola pediu que tivéssemos fé, que ela ia melhorar. Dois meses depois, ela voltou a nos dar aulas e ficamos muito felizes! – lembrou-se Gabriela.

- Eu tenho fé de que onde estiverem, no mundo espiritual, meus pais estão me ajudando. - afirmou Paula.

- Muito bem, meninas! - retornou Vovó Angel. - Ter fé é uma necessidade que todos nós temos e estamos sempre envolvidos na sua realização.

Dona Ana olhou de forma especial para as crianças e falou, emocionada:

- A fé ajuda a superar as dificuldades. Muitas vezes,

em nossas vidas, enfrentamos momentos nos quais pensamos que tudo está perdido e que não há saída. Nessas horas é importante fazer a nossa parte, não abandonando a vontade de lutar! Temos que ter fé em Deus, pois Ele sempre nos ampara!!!

Vovó Angel olhou para o relógio.

Como já haviam **despendido** um bom tempo no culto, afirmou para Dona Ana:

- Ana, já está na hora de terminarmos este primeiro culto em seu lar. Gostaria de parabenizar a você e a toda família pela iniciativa. Precisamos sempre estabelecer em nossos lares um **refúgio** espiritual seguro, com paz e harmonia! O culto do Evangelho de Jesus é um grande instrumento para isto. Gostaria que você fizesse a prece final, mas antes peço-lhe que pegue uma jarra com água e seis copos, e coloque-os sobre a mesa. Vamos pedir que os amigos espirituais **fluidifiquem** a água, colocando nela as substâncias espirituais de que necessitamos para o nosso fortalecimento físico e espiritual.

Feito isto, Dona Ana assentou-se novamente e proferiu a seguinte prece:

- Senhor Jesus, nestes instantes lembramos de ti com muito carinho, agradecendo por estes momentos de paz e alegria. Agradecemos a presença de teus mensageiros de luz, de Angel e Paula em nosso lar. Pedimos, Senhor, o teu amparo para todos nós aqui presentes e que nesta semana que se inicia possamos pôr em prática os teus ensinamentos. Fortaleça-nos, Senhor, e a este lar, abençoando as águas deste ambiente para que elas possam trazer o reconforto e o auxílio ao nosso corpo material e espiritual. Que assim seja.

Após as despedidas, Vovó Angel e Paula voltaram para casa. No caminho, foram comentando sobre a felicidade de terem iniciado mais um culto do Evangelho no lar, contribuindo para a difusão da mensagem do Filho de Deus.

Os mundos habitados e os ET's

E ra verão e fazia muito calor na cidade. Todos ficavam ansiosos pela temperatura mais **ame-na** trazida pela noite. Nessas ocasiões, Vovó Angel reunia as crianças na varanda da casa para que aproveitassem a noite agradável e comentassem

Cheque as palavras em **destaque** no Glossário às páginas 169 - 170.

sobre os mais diversos assuntos.

Naquela noite especial, o céu estava maravilhosamente **límpido** e todos admiravam as estrelas. Tião aproveitou o momento para **indagar**:

- Vovó Angel, existem outros planetas habitados no Universo, como a Terra?

A pergunta parecia refletir uma dúvida da maioria das crianças, porque elas imediatamente pararam para prestar atenção na resposta.

Vovó Angel refletiu por uns instantes e respondeu:

- Tião, meu querido, pelo que sei a ciência ainda não conseguiu provar a existência de vida inteligente em outros planetas, mas os espíritos nos informam que existe sim, e que a vida em outros mundos se manifesta de forma diferente! Embora muitos neguem a existência de vida em outros planetas, vocês acreditam que Deus permitiria que só na Terra houvesse vida, no Universo inteiro?

Enquanto algumas crianças balançavam negativamente a cabeça, outras não se manifestaram.

Aí Pedrinho perguntou:

- Então os ET's existem? Eles fazem mal para nós?

Vovó Angel pensou sobre os **extraterrestres** e falou:

- Pedrinho, no Universo, segundo os espíritos, a raça humana não tem nada de especial. Vivemos em um planeta em evolução, tal qual muitos outros. A vida não se manifesta da mesma forma em outros planetas, pois cada um tem as suas características físicas próprias. Os ET's, ou extraterrestres, podem sim existir, e tanto podem ser bons quanto maus. Não é isto que vemos aqui na Terra, com os humanos?

- Mas como eles podem ser maus? Não são eles tão inteligentes, a ponto de nos visitarem? perguntou Lari.

- Se uma pessoa tem **superioridade intelectual**, Lari, não significa, obrigatoriamente, que ela seja boa. Não vemos ocorrer o mesmo na Terra? Não existem inteligências brilhantes no nosso mundo, dedicadas a construir armas de guerra e destruição? Além do mais os espíritos superiores nos esclarecem que os mundos são como grandes escolas, onde todos estamos matriculados. Existem, assim, mundos inferiores, de provas e **expiações**, de **regeneração**, mundos superiores...

Vovó Angel fez uma pequena pausa e ia continuar quando Mateus perguntou:

– E a nossa Terra, Vovó, que tipo de mundo ela é?

– Nossa Terra, Mateus, está no estágio de transição de "mundo de provas e expiações" para "mundo de regeneração"!

– E quando isto vai acontecer? – o garoto queria ir mais longe.

– Não sabemos, Mateus, só Deus sabe! O que os espíritos informam é que estamos próximos desta mudança de estágio e que todos nós seremos chamados a testemunhar o Evangelho. O próprio Senhor Jesus afirmou: "*Na casa de meu Pai há muitas moradas...*" [1], como a nos ensinar que a Terra é uma escola, na qual estamos matriculados pela bondade de Deus.

---

[1] Nota do médium: João, 14: 2.

Todos fizeram silêncio por algum tempo, admirando a beleza do firmamento.

Vovó Angel olhava para as estrelas e pensava nos mistérios que elas guardavam por muitos milênios. Ela sabia que a Terra estava em evolução constante e tinha certeza de que a renovação material propiciada pela ciência seria seguida pela renovação moral. O que não podia dizer é quando isto se daria. Na reunião mediúnica de que participava, os espíritos superiores insistiam em convidar a todos para a prática do bem e para a transformação moral, pois só assim o nosso "passaporte" espiritual estaria carimbado para a permanência na Terra como mundo de regeneração. Pensou em transmitir este conceito para as crianças e decidiu abordá-lo com uma pergunta:

- Crianças, vocês sabem que a Terra está passando para uma nova etapa de evolução. O que vocês acham que vai acontecer com aqueles que não procurarem ser bons?

A **expectativa** de uma resposta ficou aparente na face de todos. Lari adiantou-se e afirmou:

- Para mim, está claro: vão ter que refazer a lição! É como tomar bomba na escola e ter que repetir o ano!

Vovó Angel ficou admirada com a simplicidade e a objetividade da resposta de Lari, e complementou:

- Muito bem, Lari, sua resposta não poderia ser mais precisa e direta! Aqueles que não se renovarem intimamente não terão mais lugar na Terra e terão que repetir a lição em outro planeta que esteja no estágio espiritual que se lhes encaixe.

- Isto quer dizer que os espíritos mudam de mundos? - perguntou Paula, reflexiva.

- Sim, os espíritos formam grandes comunidades, que são como famílias, que estagiam em determinada posição moral e vão evoluindo em conjunto. Quando alguns teimam em não seguir em frente, de forma repetida e constante, informam os espíritos que a maioria segue adiante e os **retardatários** repetem a lição até que possam juntar-se novamente ao seu grupo. Pelos livros espíritas, sabemos que Jesus recebeu no plano espiritual da Terra espíritos que vieram **degredados** do sistema estelar de Capela, há milhares de anos. Em sua maioria, esses espíritos já retornaram, mas além de se renovarem moralmente, com a dor da saudade e do **regresso** a um estágio primitivo de civilização, contribuíram em muito para a população da Terra.

A lição não poderia ser mais clara. As crianças entenderam logo a importância de se passar de ano, tanto na escola física, preparando-se para a vida profissional, quanto na escola espiritual, a da evolução moral.

A hora já ia adiantada e Vovó Angel, como que querendo fixar na mente de todos o ensinamento, convidou as crianças a caminharem para suas camas. E fez a prece noturna, lembrando-se da grandiosidade da sabedoria e do amor de Deus, que sempre oferece aos Seus filhos uma nova oportunidade de se alcançar a felicidade real.

Um arco-íris inspirador

aula entrou correndo pela casa, chamando todos para a varanda. Ela estava impressionada com a beleza de um enorme **arco-íris** que se havia formado depois da chuva. As cores estavam bem definidas e à medida que cada um ia chegando era automática a reação de parar para admirá-lo.

Cheque as palavras em **destaque** no Glossário às páginas 170 - 171.

A curiosidade sobre o **fenômeno** foi prontamente esclarecida por Tião, que era um apaixonado por ciências e que já havia recebido, há algum tempo, uma explicação detalhada do Dr. Anselmo.

- Como Deus é bom! - falou Paula. - Ele fez estas maravilhas, e tudo na Natureza, para nos ajudar!

- E em que coisas estão a ajuda de Deus, Paula? - perguntou Joana.

- Em muitas áreas, se você pensar que em tudo há o dedo de Deus, Joana! Na Natureza, em nossa casa, em nossa saúde, e até na proteção que nos dão os nossos anjos da guarda! - respondeu Paula.

Neste instante, Vovó Angel chegou na varanda e todos lhe mostraram, ansiosos, o magnífico arco-íris. A nobilíssima senhora ficou parada, olhando o horizonte, com uma expressão de alegria e curiosidade.

Pedrinho, atento, acompanhava tudo o que se passava. Chegando perto de Vovó Angel perguntou:

- Vovó Angel, todos nós temos um anjo da guarda?

Ela olhou carinhosamente para o menino e respondeu:

- Meu querido, Deus nunca nos desampara. Quando nascemos, um espírito superior é encarregado pelo Alto de nos ajudar nos primeiros anos de vida e conforme procedemos no bem vamos fazendo jus à continuidade desse amparo.

- Como posso ver o meu anjo da guarda? – insistiu Pedrinho.

- Ora, Pedrinho, os guias espirituais estão sempre ao nosso lado e se fôssemos médiuns **videntes** poderíamos vê-los com freqüência. No entanto, existe uma forma melhor de nos encontrarmos com eles diariamente. É quando vamos dormir. Por isso a prece noturna é importante. Harmonizamos nosso espírito para estar em boa companhia quando nos desligamos do corpo físico.

Vovó Angel percebeu que seria interessante abrir a palavra para que todos pudessem comentar sobre as suas experiências durante o sono. Ela conhecia, por acompanhá-los de perto, vários **relatos** deles mesmos de interessantes e instrutivos sonhos, alguns bem característicos de

desdobramento espiritual.

- Quem gostaria de relatar alguma experiência, ou se lembra de um sonho especial? Os sonhos, em alguns casos, refletem uma experiência que tivemos com os espíritos durante o nosso repouso físico!... – Vovó convidou.

Ninguém se manifestou. Era evidente que todos esperavam alguém começar para poderem escolher o que contar na seqüência.

Vovó Angel, observando aquela reação, já bem sua conhecida, se **predispôs** a falar primeiro. E contou o seguinte:

- Vou relatar a vocês o que sonhei há pouco tempo e que para mim foi como um desdobramento espiritual. - disse ela, calmamente. - Como vocês sabem, na reunião mediúnica dirigida pelo Sr. Rochedo tive a oportunidade de conhecer o espírito de Laura. Ela tocou muito o meu coração e eu a sinto como um anjo protetor, que está sempre próximo, nos auxiliando. Pois bem: após a nossa prece habitual, ao ir para o quarto, senti um sono leve, mas irresistível. Não sei descrever como, mas me vi ao lado de uma moça muito bonita, com longos cabelos castanhos-claros e

de sorriso muito simpático. Em instantes, percebi que ela caminhava comigo por uma estrada cercada de hortênsias luminosas, de diversas cores. Fomos, aos poucos, nos aproximando de uma cidade muito bem cuidada, espaçosa, onde, de pronto, vi uma grande quantidade de prédios, de distintos formatos e tamanhos. O mais interessante é que cada um dos grandes edifícios era parecido com um **templo** religioso aqui da Terra, só que muito luminosos! Pude reconhecer alguns como igrejas, casas evangélicas, templos orientais, **mesquitas**, **sinagogas**, e até casas espíritas! Muita gente transitava e notei que alguns pequenos grupos se aproximavam dos templos e assistiam a palestras. Outros grupos se retiravam bem concentrados. Laura me explicou que se tratava de uma cidade dedicada a receber encarnados das mais diversas religiões, desde que se mostrassem de coração aberto para o crescimento espiritual, próprio e do semelhante, pela prática do bem. Cada encarnado que ali **aportava** era encaminhado e recebido no templo religioso que mais se sintonizasse. Perguntei pelos grupos que saíam tão concentrados e iluminados, e ela esclareceu que eles se dirigiam às zonas de sofrimento no mundo espiritual, com a tarefa de consolar e auxiliar. Realmente verifiquei que, em cada grupo, mais ou menos trinta por cento dos participantes tinham um fio prateado, que se estendia a perder de vista, como se fossem fiozinhos de seda. Lembro-me de que Laura comentou comigo: "*O mais importante não é a crença religiosa que **professamos**, mas sim a nossa disposição íntima de seguir os caminhos do bem traçados por Deus*". Entendi então que todos nós, meus queridos, estamos destinados para a luz e o eterno bem. Finalmente, Laura me entregou uma rosa branca, perfumada e iluminada, e em seguida despertei, ainda sentindo aquele perfume maravilhoso!

Vovó Angel parou por uns instantes. Ela estava muito emocionada.

As crianças ficaram mudas e foi Paula quem quebrou o silêncio, afirmando:

- Mas que lindo sonho, Vovó! Você deve estar muito feliz!

Vovó Angel concordou com um leve balançar de cabeça:

- Sim, Paula, fico muito feliz de recordá-lo, pois me trouxe uma verdadeira alegria! Para mim, este sonho, ou desdobramento, foi uma dádiva de Deus, pois me mostrou claramente o quanto todos estão **irmanados** em um só caminho quando pensam e agem no bem!

Vovó Angel refletiu e achou melhor dar um tempo para que todos pensassem sobre o assunto e propôs:

- Queridos, que acham de continuarmos a nossa conversa mais tarde, aqui, na varanda?

Embora alguns desejassem ouvir mais histórias de Vovó Angel, a maioria concordou que era melhor esperar pela noite. Os comentários retornaram então para o arco-íris, que demonstrava no céu o quanto ainda temos a aprender e a admirar na Natureza.

Dona Antônia

O dia estava muito bonito. O sol estava bem brilhante e a temperatura gostosa, com os ares da primavera. As rosas, cultivadas com tanto carinho por todos, exalavam um perfume penetrante e agradável.

Dentro de casa, no entanto, o clima era de silêncio e tristeza. Vovó Angel havia pedido a todas as crianças para colaborarem nas preces à sua amiga Dona Antônia, desencarnada há poucas horas.

Além de ser amiga de todos, Dona Antônia era uma colaboradora incansável! Ela freqüentemente visitava a casa, trazendo costuras que fazia para as crianças. Sempre brincava dizendo que a meninada servia de modelo para as coleções de roupas, que pretendia, um dia, lançar. Sua máquina de costura produzia de tudo, inclusive os pijamas e os uniformes escolares. Mas a sua **especialidade** mesmo eram as roupas para as festas juninas. Estas eram elogiadas e disputadas, tendo ela encomendas até das cidades vizinhas.

Dona Antônia tinha um problema de longa data no coração e havia desencarnado após tratamento demorado, que foi acompanhado por todos. Vovó Angel tinha grande admiração por Dona Antônia e estava triste com a sua partida. Sensíveis, as crianças perceberam seu estado de **melancolia** e na primeira oportunidade aproveitaram para perguntar:

Cheque as palavras em **destaque** no Glossário à página 172.

- Vovó, nós não veremos mais a Dona Antônia? - perguntou Pedrinho.

- Pedrinho, não vamos chatear a Vovó com perguntas. - falou Paula, imediatamente.

- Deixe, Paula! - respondeu Vovó Angel. – É importante falarmos no assunto. A desencarnação é a última etapa de nossa existência física em uma encarnação, sendo mais um passo entre tantos outros na nossa vida espiritual. Não veremos Dona Antônia no plano físico, Pedrinho, mas, com certeza, ela vai nos visitar espiritualmente, quando tiver condições para tal.

- Vovó, e o que acontece depois que morremos? - perguntou Cris.

- Ora, Cris, nós retornamos à nossa pátria espiritual e como ensinou Jesus: *"A cada um será dado segundo as suas obras"*. [1] Seremos recebidos, no momento de nosso **desenlace**, por aqueles que têm sintonia com o nosso modo de pensar e de agir. Assim, se praticamos o bem, a caridade, cultivamos as boas palavras e ações, estaremos

---

[1] Nota do médium: Mateus, 16: 72.

amparados pelos bons espíritos. No entanto, se cultivamos o egoísmo, o orgulho e a vaidade, sem considerar o semelhante, e agimos com maledicência, teremos a companhia dos espíritos ignorantes e maus. No momento da desencarnação, aparecem também os espíritos que vêm nos agradecer e ajudar, bem como os cobradores e aqueles que se sentem feridos por alguma ação nossa durante a vida e que não tenham a nobreza de perdoar. O acerto de contas que realmente vale é o da nossa consciência.

- Vovó, no mundo espiritual existem casas, cidades, parques de diversão e escolas? - perguntou Tião.

- Claro, Tião! Ao desencarnarmos, dependendo de nosso estado íntimo, somos levados a **colônias** espirituais de aprendizado e **refazimento**. Lá encontramos todo o tipo de construções e **instituições**. Existem, sim, escolas, hospitais e parques grandes e lindos, para diversão e repouso. A chamada "morte" nada mais é do que uma transição para um outro plano da vida!

- Mas lá se toma banho também? - perguntou Cris, toda **matreira**, pois gostava de ficar longo tempo no chuveiro.

- Tem sim, Cris, querida! O nosso espírito manifesta-se no mundo espiritual através de um corpo também, que chamamos de perispírito. Relembrando, esse corpo é o instrumento de apresentação do espírito e ele precisa ser tratado como nosso corpo físico. - falou Vovó Angel.

- Não entendi, Vovó... - disse Tião, confuso. - O nosso corpo não é a manifestação do espírito?

- É simples, Tião. - retornou Vovó Angel. - Além do corpo material que temos, quando estamos encarnados, o espírito possui um corpo que o envolve e que é também invisível para nós, encarnados, o qual chamamos de perispírito. Quanto mais evoluído o espírito mais **sutil** é o perispírito, de forma a permitir que se viva em planos espirituais superiores, com fins de aprendizado e elevação. O perispírito terá a forma que o espírito queira ou aquela que lhe reflita o estado íntimo. Quando dormimos e nos encontramos com um espírito o que vemos é o seu perispírito. Entendeu?

Vovó Angel parou por uns instantes. Como percebeu que não haviam mais perguntas complementou:

- Não pensem vocês que os espíritos evoluídos ficam

parados, contemplando a Natureza, lá dos planos superiores! Eles, mais que ninguém, sabem dar valor ao trabalho para ajudar ao semelhante, inclusive, no estudo e nas artes!

Embora a conversa estivesse muito agradável, Vovó Angel percebeu que era o momento de fazer uma visita aos familiares de Dona Antônia. Convidou a todos a voltarem às suas atividades e finalizou a **prosa**, dizendo:

- Crianças, vamos nos lembrar com muito carinho de Dona Antônia e pedir que ela seja amparada pelos bons espíritos. Hoje à noite, antes de irmos para a cama, faremos uma prece especial para ela.

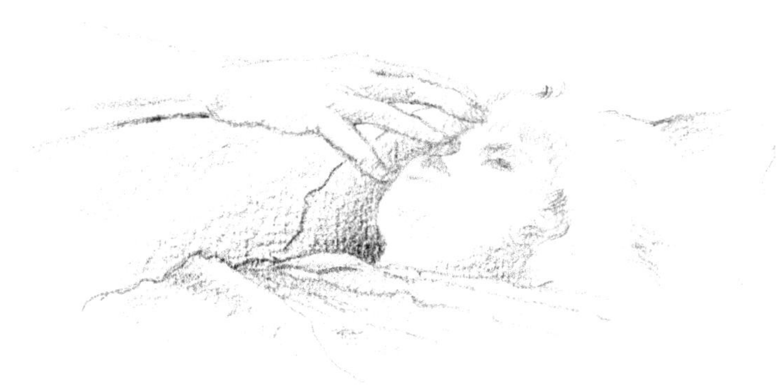

O passe magnético

Uma forte ventania ocasionou a mudança do clima na cidade. Isso era o **indício** da chegada de uma frente fria, resultando em grande movimentação de poeira para, quase sempre, e em seguida, vir a chuva. Nessas ocasiões, o cuidado com a saúde era redobrado, pois sempre ocorria um **surto** de virose.

Cheque as palavras em **destaque** no Glossário às páginas 172 - 173.

Com a virada do tempo, Lari caiu de cama: fora **acometida** de febre alta e indisposição física. Tião, ante o sofrimento da irmã gêmea, ficou muito inquieto e preocupado. Ia de dez em dez minutos ao quarto dela. Levava a mão à sua testa e pedia para Vovó Angel colocar o termômetro.

Com a experiência dos anos, a nobre senhora tomava as providências conforme o tratamento **homeopático** recomendado pelo Dr. Anselmo. Mas mesmo com todo o seu conhecimento, ela não se descuidava, procurando agir o mais rápido possível para aliviar os incômodos da menina.

Fitando o garoto, que se afligia com o estado da doentinha, Vovó perguntou:

- Tião, você quer realmente auxiliar sua irmã?

Ao que Tião respondeu, solícito:

- É claro que sim, Vovó.

- Então, você vai me ajudar nos procedimentos de aplicação dos passes magnéticos. Você sabe como eles funcionam?

O garoto refletiu por uns instantes e respondeu:

- Eu já vi a senhora aplicando, mas não sei como fazer!...

- O passe magnético existe há anos e muitos o chamam de "tratamento de imposição das mãos". É, na verdade, uma movimentação de energias em favor de nosso semelhante. Como se estivéssemos aplicando uma injeção invisível de energia em quem está doente. Nosso organismo físico tem alguns centros vitais, como o cérebro e o coração, que nos auxiliam a existência e são essenciais para a nossa saúde. O segredo do passe é transferir para esses centros vitais energias novas e fortificantes. Vamos dar um passe em Lari e você vai ver como ela vai melhorar! Este é mais um recurso no tratamento das doenças e não dispensa a consulta médica.

Com desvelo maternal, Vovó Angel observava a menina em frêmitos, dividindo sua atenção com Tião, que se esforçava para colaborar na recuperação da irmãzinha.

- Tudo deve começar com uma prece, quando menta-

lizamos Jesus e os bons amigos espirituais. – Vovó continuou. - Vamos movimentar os braços em direção paralela
ao corpo de Lari para conseguir a sua harmonia energé-
tica. Depois vamos irradiar nossas energias com as mãos
direcionadas, em seqüência, para o cérebro, o coração e a
garganta, porque notei que está muito irritada. Mas antes,
vá até a cozinha e traga um copo com água filtrada para
pedirmos à Espiritualidade a sua **fluidificação**. Os espíritos aproveitam a nossa boa vontade e concentração para
colocar na água remédios, invisíveis aos nossos olhos.

Após alguns instantes, Tião estava de volta com um
copo de água fresca. Vovó Angel queria muito ensinar a
ele como dar o passe, pois, certamente, seria muito útil no
auxílio às demais crianças.

- Agora, Tião, faça uma prece, suplicando a ajuda
dos bons espíritos. E lembre-se: a nossa fé pode realizar
verdadeiros prodígios!!!

Tião sentou-se ao lado da irmã e orou de olhinhos
fechados, apertadinhos:

- Querido e amado Jesus, neste momento pedimos
a tua ajuda para a minha irmã Lari... Para que ela possa

se recuperar e ficar boa logo... Ampara a Vovó Angel e a todos que vivem nesta casa. Senhor, confiamos em ti, no teu amor e carinho. Obrigado por tudo! Que assim seja!

Tião terminou a prece bastante emocionado. Vovó Angel então começou a aplicar o passe. Demorou-se algum tempo impondo as mãos sobre a garganta de Lari. A menina estava muito **abatida** pela febre e não participava do que ocorria.

Após a magnetização, Vovó Angel disse:

- Agradecemos ao Mais Alto por todo o amparo que recebemos e pedimos o apoio dos amigos espirituais aos que residem neste lar e a todos que **jazem** agora nos hospitais, em dor e sofrimento... Tião, vá dando um pouco desta água a Lari, bem devagarinho!...

Feito isto, Tião pôde perceber que algo realmente havia mudado, pois Lari parecia mais tranqüila.

- Vá descansar agora, meu filho! - falou Vovó Angel.
- Lari vai se recuperar, não se preocupe.

Mais confortado, o menino ainda perguntou:

- Vovó, todo mundo pode aplicar um passe?

Pacientemente, Vovó finalizou a conversa explicando:

- Pode sim, Tião. O passe, no entanto, exige cuidados para surtir um bom resultado. Alguns pontos têm de ser observados atentamente. Quem for aplicar o passe tem de estar bem de saúde - física e mental. Sua alimentação antes da aplicação deve ser leve e saudável. Deve-se mentalizar o bem do doente durante todo o tempo e pedir mentalmente por sua recuperação. Durante a aplicação do passe deve-se direcionar as mãos às áreas afetadas, sem tocá-las, iniciando e terminando os procedimentos com uma oração sincera. Não devemos nunca nos esquecer de pedir a fluidificação da água para o doente!

Vovó acompanhou com os olhos o afastamento de Tião, que ia se recolher para dormir.

Enquanto isso, lembrou-se das inúmeras **dádivas** já recebidas de Mais Alto através do passe, concluindo que o tratamento médico especializado deve ser sempre procurado, mas que não podemos nos esquecer do tratamento espiritual, que sempre está à disposição de todos.

Na manhã seguinte, Lari estava bem melhor e Vovó Angel pediu que Tião aplicasse o passe. O menino ficou muito feliz porque estava ajudando a irmã.

Em poucos dias, Lari ficou completamente recuperada. Tião, depois daquela experiência, sabia que sempre seria convocado por Vovó Angel para ajudá-la nos passes e dali para frente daria tudo de si para que quem recebesse seus fluidos magnéticos se sentisse bem.

Vovó Angel, após as tarefas, afirmava sempre: *"Quando se socorre alguém, somos os primeiros a ser socorridos!"*

O aniversário de Vovó Angel

Naquela manhã as crianças se movimentavam de forma diferente. Podia-se perceber tudo pela agitação discreta e pelas conversas que pareciam um cochicho de segredos.

Também, pudera! Tratava-se do aniversário de Vovó Angel e todos queriam fazer algo bem especial para agradá-la.

Vovó Angel estava completando 68 anos e para as crianças ela era como um anjo bom, que Deus havia enviado para ampará-las.

As idéias de enfeites e de como cantar os "Parabéns" eram cultivadas com carinho por todos.

Vovó percebia a movimentação, mas, **pressentindo** os acontecimentos, procurava não **interferir** nos preparativos.

Joana, em certo momento do dia, aproximou-se de Vovó Angel e perguntou:

- Vovó, todos nós temos uma data para nascer e para morrer?

- De certa forma sim, Joana! – respondeu, solicitamente. - O grau de planejamento de nosso nascimento e do correr de nossa vida depende da evolução de que dispomos e do nosso esforço próprio para ser melhores. Os espíritos que trilham o caminho do bem têm, por **mérito**, a oportunidade de colaborar no planejamento da sua próxima encarnação, sempre contando com o auxílio especializado de instituições no mundo espiritual, destinadas a este fim. Aqueles que ainda se **comprazem** na ignorância e no mal não decidem os seus novos destinos. No entanto,

---

Cheque as palavras em **destaque** no Glossário às páginas 173 - 174.

são geralmente amparados pelos espíritos de bem para o estabelecimento das linhas gerais de suas vidas. A hora do desenlace físico - digo assim porque a morte não existe, minha filha -, pode variar bastante, pois depende dos nossos compromissos assumidos nesta e em outras vidas, e de como tratamos o nosso corpo. Falando nisso, você já sentiu raiva de alguém, Joana?

- Sim, Vovó! Já senti raiva do Mateus, porque ele vive me dando susto!

- Mas não devia, Joana. Se cultivarmos a raiva, o rancor ou o mau humor, estaremos absorvendo e gerando vibrações tóxicas que desgastarão nosso corpo físico. O melhor **antídoto** que possuímos para quem nos ofende, ou prejudica, é o perdão. Não o perdão da "boca para fora", mas aquele que vem do fundo do coração!

Joana deu-se por satisfeita com as explicações e com os ensinamentos recebidos. E, com seus arroubos infantis, lascou um beijo carinhoso no rosto da nobre senhora, voltando a brincar na varanda.

Vovó Angel ficou refletindo alguns minutos sobre a responsabilidade de cada um pelo próprio sucesso e crescimento espirituais. E sobre as oportunidades que Deus nos dá todos os dias para a nossa evolução.

Quando a noite chegou, Sílvia, a ajudante da casa, tratou de levar Vovó Angel para o jardim. Tudo combinado com a criançada.

E, em pouco tempo, os pequeninos prepararam a sala: salpicaram balões coloridos, colocaram uma pequena roseira em um vaso enfeitado em cima da mesa, ao lado do bolo de chocolate com as velas 6 e 8. A planta estava recheada com bilhetes carinhosos escritos pelas crianças, todos contendo uma mensagem especial para Vovó Angel.

Quando a aniversariante entrou na casa, a festa foi geral e ela ficou muito emocionada! Ouviu os "Parabéns" e apagou as velinhas, com animação.

Paula **improvisou** um **discurso**, falando em nome de todos e agradecendo tudo o que a Vovó vinha fazendo por eles. A homenageada, muito comovida, assim se manifestou:

- Meus amores, grande é a satisfação da minha alma

por toda esta lembrança carinhosa de vocês. Na verdade, não sou eu quem ajuda vocês. São vocês que me ensinam muito e preenchem a minha vida. A idéia dos bilhetes na roseira, que tanto adoro, é muito significativa, pois me fez recordar o que os espíritos dizem: todos nós somos como sementes plantadas no jardim de Deus, com a destinação de crescer e de nos tornar árvores frondosas, com muitos frutos bons. Cada reencarnação forma uma nova camada em nosso tronco. Os galhos demonstram o nosso **proceder** e as folhas são as múltiplas experiências que adquirimos.

Após a pequena festa, Vovó Angel encaminhou todos para suas camas. E na intimidade de seus **aposentos** leu os singelos bilhetes.

Que lembranças especiais!

Finalmente, ela adormeceu pensando em cada criança e em como era **ditosa** ao tê-las consigo, junto do coração.

O retorno de Jesus

A noite já havia estendido o seu manto sobre a cidade e Vovó Angel reuniu todas as crianças na grande sala para a costumeira conversa.

O assunto em pauta: a Semana Santa. As crianças queriam mais informações sobre a Páscoa e pensavam ansiosas nos chocolates que ganhariam no domingo.

Mateus adiantou-se e perguntou:

- Vovó, por que esta semana é santa?

Vovó Angel sempre deixava a palavra aberta para incentivar o estudo e a troca de idéias.

Mas antes que respondesse à questão Paula se antecipou:

- Esta semana faz parte da **tradição** católica de reviver a crucificação de Jesus e o seu ressurgimento após a morte. Por isso é chamada de Semana Santa!

- E o que ela tem a ver com a Páscoa? - retrucou Mateus.

- Bem, Vovó Angel já contou a história uma vez! Tem a ver com a comemoração dos hebreus em memória à saída deste povo do Egito.

Neste momento, Vovó Angel, que observava tudo em silêncio, fez uma **interrupção** e disse:

- Muito bem, Paula, você explicou direitinho! Os hebreus, Mateus, na Antiguidade, eram escravos dos egípcios e possuíam, naquela época, o grande mérito de de-

---

Cheque as palavras em **destaque** no Glossário à página 174.

fender a existência de um Deus único. Um dia, os espíritos superiores decidiram que era preciso que esse povo **laborioso** se libertasse e saísse do Egito para estabelecer sua própria nação, já que o seu exemplo iria demonstrar a todos os outros povos o valor de suas crenças. O grande **missionário** do Alto, libertador do povo hebreu, foi Moisés, que havia, inclusive, sido criado por um faraó. A Páscoa lembra este fato histórico e foi devido a esta festa, comemorada por eles anualmente, que Jesus foi a Jerusalém no ano 33 e lá foi preso.

- Minha amiga disse que Jesus "levantou dos mortos". É verdade, Vovó? - perguntou Joana.

- Joana, ninguém morre! Apenas trocamos a roupa do nosso espírito! Lembra-se de que estudamos este assunto? O espírito é imortal!!! Jesus retornou ao mundo espiritual e antes de elevar-se passou algum tempo aqui na Terra, ajudando, como espírito. Ele se apresentou espiritualmente aos seus discípulos para provar que não havia morrido e para exemplificar a vida eterna. E entendo que sua **aparição** tenha sido resultado de uma manifestação mediúnica de materialização.

Pedrinho, mais que depressa, perguntou:

- E o que é materialização, Vovó?

- A materialização é o resultado da manifestação da mediunidade de efeitos físicos. Existe, neste caso, a coleta, pelos espíritos, de um material físico chamado ectoplasma, que permite a visualização do perispírito. Algum tempo atrás participei de uma reunião mediúnica de materialização e foi grande a minha emoção quando vi pela frente alguns **mentores** espirituais de muita luz! Hoje em dia são raras estas reuniões.

Após pequena pausa, Vovó exclamou, maravilhada:

- Se isto ocorre entre nós, que somos inferiores em moral e conhecimento, fico imaginando o que pode um espírito da evolução de Jesus!

- Então a senhora viu os espíritos, Vovó? - perguntou Pedrinho, espantado.

- Sim, vi, e além disso recebi de presente uma rosa muito bonita, que foi transportada até mim, ainda úmida! Guardo até hoje as suas pétalas no interior dos meus livros. A mediunidade de efeitos físicos é responsável por muitas ocorrências de manifestação espiritual que ainda não conseguimos explicar!

Cris, sempre ligeira, quis saber mais:

- Vovó, e o Judas? Por que batem tanto nele?

- Judas Iscariotes foi um discípulo de Jesus, Cris, que acompanhou o Mestre por muito tempo. Ele acreditava que os ensinamentos de Cristo seriam mais bem-aceitos se fossem defendidos pelos mais poderosos, utilizando a política **vigente**, que era a do Imperialismo Romano. Em troca de moedas de prata, ele denunciou Jesus aos fariseus e saduceus, líderes religiosos que não aceitavam a sua mensagem de amor. Judas se arrependeu muito depois ao ver que seu Mestre estava sendo maltratado e que seria morto. Este discípulo teve o seu nome marcado para sempre como um **traidor** e ainda hoje algumas pessoas equivocadas fazem bonecos para **martilizá-lo**. Isso é só um reflexo da nossa ignorância. Dizem os espíritos que Judas já se **redimiu** através de várias reencarnações, com muito sacrifício e lutas, sendo hoje um espírito iluminado. Devemos orar nos lembrando dele, não esquecendo de que todos nós estamos sujeitos a enganos e quedas.

Vovó Angel meditou um pouco mais e finalizou:

- Sendo espíritas podemos dispensar todas estas manifestações populares. Nesses momentos, é importante orar pedindo pela humanidade para que possamos seguir o caminho do bem. Agora, crianças, hora de irmos para a cama. Alguém tem algum outro comentário a fazer?

Como ninguém se manifestou, Vovó pediu que Tião fizesse a prece da noite.

E o menino orou assim:

- Deus nosso, Pai Maior, agradecemos por todas as dádivas que temos recebido e pedimos o Seu auxílio, e o dos anjos da guarda, para que possamos dormir em paz. Proteja esta casa, nossa escola, nossos professores e amigos. Esteja conosco sempre! Que assim seja!

Todos se recolheram prontamente. Vovó Angel, enquanto fechava portas e janelas, ficou refletindo no quanto nossos atos atravessam o tempo e como estes influenciam o nosso futuro de maneira direta.

A casa mergulhou em profundo silêncio, como a esperar por novas lições.

O valor da prece

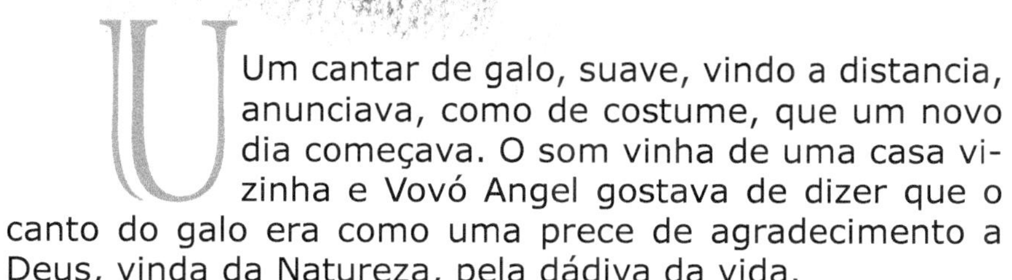

Um cantar de galo, suave, vindo a distancia, anunciava, como de costume, que um novo dia começava. O som vinha de uma casa vizinha e Vovó Angel gostava de dizer que o canto do galo era como uma prece de agradecimento a Deus, vinda da Natureza, pela dádiva da vida.

Os meninos, já acordados, mas ainda no quarto, preparavam-se para levantar, sem muita pressa, pois era sábado e sábado não tinha aula. Aquele era um momento de **descontração**, com muitas idéias de como aproveitar bem o fim de semana.

Mateus aproximou-se de Tião e perguntou:

- Tião, por que Vovó Angel quer tanto que façamos uma prece?

Tião olhou para Mateus surpreendido pela pergunta, tentando entender o porquê da interrogativa àquela hora da manhã.

- Ora, Mateus, por que pergunta?

- É porque a Vovó me disse para fazer uma prece na hora de dormir e na hora de acordar!!!

Tião respondeu de imediato:

- Para mim a prece é importante porque me deixa

Cheque as palavras em **destaque** no Glossário à página 174 - 175.

tranqüilo e me faz pensar melhor!

– Mas você sempre faz, Tião?

– Nem sempre, Mateus. Às vezes, eu me esqueço. Mas quando estou com problemas, me lembro do que Vovó Angel diz e, então, eu oro. Sempre faço uma prece na escola antes das provas!

– E dá resultado?

– Sim, me ajuda muito. E quando você ora, Mateus, em que você pensa?

– Antigamente, eu repetia o "Pai Nosso" e já o sabia decorado. Mas depois fui mudando e agora oro pensando em Jesus.

– Vamos fazer uma coisa: vamos pedir à Vovó Angel, hoje à noite, para falar sobre a prece. O que você acha?

– Vamos, sim, Tião, vai ser muito legal!

Assim combinado, os meninos partiram para o pequeno campo de futebol na Praça São José. Com a partida

Era uma vez para sempre

e as demais brincadeiras, nem viram o dia passar.

À noite, todos juntos em casa, Tião e Mateus lembraram-se da conversa **travada** pela manhã. E foi Tião quem **abordou** o assunto:

- Vovó, em que devemos pensar na hora da prece? Hoje eu e Mateus ficamos conversando sobre o assunto e gostaríamos de saber a sua opinião!

Vovó Angel ficou muito satisfeita com a iniciativa dos garotos, pois entendeu que as crianças estavam começando a refletir sobre os assuntos que ela falava sempre - e a prece era um deles.

- Meninos - respondeu Vovó Angel, olhando ora para Tião, ora para Mateus. - Fiquei muito feliz com a pergunta e de saber que vocês estiveram conversando sobre a prece. É assim que se faz para aprender a fazer direito. Temos que refletir muito sobre cada assunto. Entendo que o valor da prece não está no que dizemos, mas no que sentimos. Quando fazemos uma oração, é como se estivéssemos falando com Deus. Os espíritos nos ensinam que nossas rogativas têm um poder que nem imaginamos e que todas as vibrações que emitimos ao Alto, pedindo por auxílio e amparo, seja em benefício próprio ou de outras pessoas, sempre têm uma resposta. A prece é uma ação que qualquer um pode **empreender**, nas diversas situações da vida, para se equilibrar. Ela não é **privilégio** do rico ou do sábio, do poderoso ou do cientista. Todos podem praticá-la e desfrutar de seus benefícios!

- Mas, Vovó, se Deus sabe tudo, por que temos de pedir Seu auxílio pela prece? - perguntou Paula.

- Muito boa pergunta, Paula! Quando oramos, querida, abrimos a nossa mente para a colaboração precisa de Mais Alto. Além disso, manifestamos a nossa vontade a Deus. Lembre-se de que temos sempre o livre-**arbítrio** para a escolha do caminho a seguir.

- E se alguém desejar o mal, Vovó, estará fazendo uma prece também?

- O fenômeno é o mesmo, Paulinha, só que a reação é diferente. Quando desejamos o bem recebemos vibrações boas que nos amparam e fortalecem, e entramos em contato com os espíritos benfeitores. Estes farão tudo que seja proveitoso para nos ajudar e guiar no que é bom. Quando desejamos o mal o que ocorre é que recebemos as vibrações ruins e da ignorância, que só nos prejudicam. Vou separar um dia do nosso "culto no lar" para estudarmos a oração "Pai Nosso", ensinada por Jesus. O que vocês acham?

As crianças concordaram alegres e Vovó Angel prometeu voltar ao assunto.

Lari foi convidada a fazer a prece da noite. De olhinhos fechados e voz cheia de emoção, a menina orou:

- Senhor Jesus, querido Amigo, obrigada por tudo o que temos recebido em nossa casa. Obrigada pelo auxílio de nossos anjos da guarda e por nossa saúde. Ampare, Senhor, a Vovó Angel e a todos nós. Que ao dormir possamos estar em paz e receber as lições de que necessitamos. Assim seja.

Vovó Angel ficou comovida com o singelo pedido de Lari e convidou a todos para irem para suas camas. De onde estava, acompanhou com olhos carinhosos os meninos Tião e Mateus, que caminhavam juntos para o quarto, comentando como fora legal saber mais sobre o valor da prece.

Conhecendo Allan Kardec

hovia fino e o céu estava bem fechado. Uma névoa **tênue** cobria a cidade e fazia um frio suave, que envolvia a todos. As crianças espalhavam-se pelos cômodos da casa, desenvolvendo as atividades mais diversas. Algumas estudavam, outras desenhavam e preparavam cartazes escolares. As menores brincavam de boneca e de futebol de botão.

Vovó Angel estava com Lari na sala de jantar, fazendo pequenos **reparos** nas roupas das crianças. Lari gostava muito de ajudar nas tarefas domésticas e nesses momentos de proximidade **exclusiva** com Vovó

Cheque as palavras em **destaque** no Glossário às páginas 175 - 176.

Angel procurava esclarecer algumas dúvidas. Em certo momento do trabalho, a menina perguntou:

- Vovó, quem foi Allan Kardec?

Vovó Angel percebeu que a questão estava ligada aos comentários constantes que fazia sobre a Doutrina Espírita e sentiu que era uma boa oportunidade para explicar como surgiu o Espiritismo.

- Allan Kardec foi o **pseudônimo** adotado por um educador nascido na cidade de Lyon, na França do século XIX. O seu verdadeiro nome era Hippolyte Léon Denizard Rivail. Ele nasceu em 3 de outubro de 1804 e desencarnou em 31 de março de 1869. Foi um grande professor, reconhecido por todos, e muito conhecido como Professor Rivail.

- Mas se o nome dele era Hippolyte, por que ele usou o nome "Allan Kardec"?

- Ele fez isso como prova de humildade, Lari, pois entendia que a Doutrina Espírita era uma obra dos espíritos e que ele era só um intermediário para o seu surgimento. Não desejava influenciar o movimento com o seu nome. O

pseudônimo "Allan Kardec" foi escolhido por se tratar de uma encarnação anterior do Professor Rivail nas Gálias, onde hoje é a França. Tudo começou quando o Professor passou a estudar um fenômeno popular chamado, naquela época, de "mesas girantes". As pessoas, nas reuniões públicas, perguntavam sobre os mais diversos assuntos e as mesas se movimentavam e respondiam por seqüências de batidas.

- Mas como é que as mesas respondiam às perguntas, Vovó?

- Na verdade, Lari, foi para responder a esta pergunta que o Professor começou a pesquisar o tema profundamente. As mesas respondiam por um código de batidas e giros. Quando as pessoas estavam interessadas em estudar e aprender, e as questões, voltadas para o bem geral, as respostas eram dadas por espíritos superiores, apresentando um grande conteúdo. Quando perguntavam por brincadeira e motivos **fúteis** as respostas procediam de espíritos inferiores e não podiam ser levadas a sério. As movimentações das mesas eram fenômenos produzidos pela mediunidade de efeitos físicos. Os espíritos superiores utilizavam auxiliares para movimentar as forças físicas, de forma a mandar a mensagem. Reconhecendo a capacidade do Professor, muitas pessoas encaminharam a ele material de pesquisa, composto por mais de cinqüenta cadernos com anotações obtidas de comunicações com os espíritos num período de cinco anos. Esses documentos foram revisados por Kardec e com base em novas perguntas aos espíritos e suas respostas elaborou *O Livro dos Espíritos*, que foi publicado em Paris, em 18 de abril de 1857.

- Vovó, como a senhora consegue guardar estas datas todas!?!

- Não são tantas assim, Lari! Eu as guardei porque todos os anos as comemoramos na casa espírita com reuniões especiais! Além de *O Livro dos Espíritos*, Allan Kardec deixou outras obras, consideradas básicas. Aqui em casa utilizamos duas no "culto no lar". Você sabe me dizer quais são?

- Sim, Vovó! Não são *O Livro dos Espíritos* e *O Evangelho Segundo o Espiritismo*?

- Muito bem, Lari! Os outros livros são: *O Livro dos Médiuns*, que discorre sobre a mediunidade, *O Céu e o Inferno*, que analisa a justiça divina e *A Gênese*, que trata da interpretação dos milagres e predições, segundo o Espiritismo. Quando tivermos oportunidade vamos estudá-los também! Kardec deixou um extenso material de estudo e teve de lutar muito contra o **preconceito** e o **radicalismo** da época. Você sabia que chegaram a queimar em uma fogueira 300 livros espíritas? O Codificador soube lidar humildemente com tudo isso, dando-nos o exemplo de como exercitar a paciência com aqueles que criticam e não aceitam a Doutrina Espírita!

Vovó Angel ainda conversou com Lari sobre a beleza dos ensinamentos contidos em *O Evangelho Segundo o Espiritismo* e a atualidade das 503 perguntas e respostas de *O Livro dos Espíritos*. Quando terminaram de consertar o primeiro conjunto de roupas, Vovó Angel pediu para Lari ir brincar e ela juntou-se à Joana e à Cris nos jogos de casinha.

Cosendo botões e reparando pequenos rasgos, Vovó Angel ficou ali sozinha, pensando consigo mesma no quanto a Espiritualidade Superior trabalhou para que recebêssemos todas as instruções constantes das cinco obras básicas. "Como foi grande o esforço de Allan Kardec!", concluiu a bondosa senhora, cujo amor e desvelo para com suas crianças testemunhavam a prática do Espiritismo cristão.

Casamento de almas

Dimba latia sem parar na entrada da casa. Quando isto acontecia, todos sabiam que o carteiro havia chegado. O cãozinho tinha uma verdadeira **fixação** pelo funcionário do correio e funcionava como uma campainha **infalível**.

Paula foi até o portão e recebeu das mãos do Sr. André algumas cartas, sendo uma um envelope grande, cor-de-rosa, com desenhos de rendas nas bordas. As crianças ficaram ansiosas para saber o conteúdo da correspondência, mas como Vovó Angel não estava em casa Paula **depositou** a chamativa carta no armário da sala.

Cheque as palavras em **destaque** no Glossário às páginas 176 - 177.

Ao chegar, Vovó Angel foi logo avisada da entrega e formou-se uma fila atrás dela para ver o que a carta continha. Vovó abriu o envelope e acabou logo com a curiosidade:

- Crianças, é o convite de casamento da Ritinha, filha do Sr. Geraldo, dono do supermercado!

Cris adiantou-se ao grupo e, com sua simplicidade, perguntou:

- Vovó, todo mundo casa e tem filhos?

As demais crianças começaram a rir da pergunta, mas Vovó Angel logo **interveio**:

- Cris, a sua pergunta é muito boa! O homem e a mulher se complementam na responsabilidade de formar uma família e de criar e educar os filhos. Cada um contribuindo com suas **aptidões** e valores. Nem todas as pessoas casarão e terão filhos, mas é natural que o casamento ocorra.

- Vovó, - perguntou Paula, **compenetrada** - como é que se escolhe com quem casar?

- Paula, querida, é muito cedo para você pensar nisto, sabemos, no entanto, que nada ocorre por acaso. Quando preparamos a nossa reencarnação, geralmente estabelecemos se formaremos uma família e com quem. Podemos muito bem mudar esses planos, mas isto não nos deixa livres dos compromissos assumidos em nosso passado. Não podemos nos esquecer das nossas **afinidades** espirituais, que atravessam séculos e séculos de convivências, através das reencarnações. O amor puro e sincero é sempre um **revigorante** para as almas. Alguns de nós têm a felicidade e o merecimento de contar com uniões entre corações afins. No entanto, os orientadores espirituais nos informam que há um grande número de uniões que se estabelece para o aprendizado e a reeducação **mútuos**.

Neste instante, Tião, que observava quieto, perguntou:

- Vovó, eu tenho uma dúvida! Como é que na Terra vai caber tanta gente que está nascendo?

- Tião, não precisa se preocupar! Tudo está na programação de Deus. Se soubermos tratar bem da Natureza, a Terra poderá comportar muita gente a mais! É muito importante que saibamos manter as árvores, cuidar do lixo e

Era uma vez para sempre

trabalhar para que a água seja **abundante** e limpa!

Vovó Angel explicava olhando direto para as crianças, pois ela sabia que somente quando resolvermos a questão da educação conseguiremos entender a necessidade da preservação do meio ambiente.

Paula ainda estava ansiosa por perguntar sobre a união e o casamento de almas e questionou:

- Vovó, por que tem tanta discussão sobre se existe ou não almas gêmeas?

Vovó Angel refletiu e lembrou-se de que já havia estudado muito o assunto e que a **polêmica** era gerada por nossa dificuldade de entender o amor em sua **plenitude**.

- Paula, minha flor, a meu ver existe uma discussão desnecessária sobre este assunto. Quanto mais elevados os espíritos mais unidos eles são. Nada impede, no entanto, que durante as nossas várias reencarnações estabeleçamos laços muito fortes e particulares de afinidade entre duas almas. Não existe, no entanto, as metades eternas, pela simples razão de que os espíritos são independentes e possuem as suas experiências próprias. Os amigos espirituais nos ensinam que "*se um espírito fosse a metade de outro, separados os dois estariam incompletos*"! [1]

- Vovó, nós vamos ao casamento da Ritinha? - perguntou Cris.

- Vamos sim, querida! Vamos pensar em que podemos colaborar com ela! Quem sabe ajudamos no arranjo de flores? Vocês me auxiliam?

Paula, Cris, Tião e Lari, que estavam ali no momento, ficaram muito entusiasmados com a idéia.

Vovó Angel, então, continuou:

- Muito bem! Vou procurar a Ritinha e dizer que nosso presente será uma decoração com rosas!

Vovó Angel convidou as crianças a retornarem aos seus afazeres e ficou pensando na grande oportunidade que teria pela frente de pôr todos para colaborarem no trabalho.

---

[1] Nota do médium: a referida citação encontra-se como resposta à pergunta 299 de *O Livro dos Espíritos*, 68. ed., FEB, 1987. p. 185.

Uma caminhada no bairro chique

Vovó Angel e Lari caminhavam pela espaçosa rua do bairro mais bonito da cidade. As calçadas eram enormes, divididas por canteiros bem cuidados, rodeados de grama muito bem aparada. Enquanto andavam, Lari admirava todo o local, especialmente as belíssimas residências. Cada uma era mais **imponente** do que a outra e todas possuíam o seu **estilo** próprio.

Mentalmente, Lari se perguntava de quem seriam aquelas casas e por que pareciam tão desertas!

Vovó Angel comentava sobre a beleza das flores e, de tempos em tempos, parava para saber como obter algumas mudas. Nas poucas vezes que encontrou alguém para se informar, foi tratada com frieza e **desdém**.

A menina, percebendo tudo aquilo e refletindo sobre o que ia em seu **íntimo**, perguntou à benfeitora:

- Vovó, por que existem a pobreza e a riqueza?

Vovó Angel, atenta à pergunta, lembrou-se de que os mensageiros espirituais explicavam sempre que a **desigualdade** das condições sociais é obra do homem e não obra de Deus. Ela sentiu que tinha muitos aspectos a comentar e para tanto era preciso entender melhor as dúvidas de Lari.

Cheque as palavras em **destaque** no Glossário à página 177 - 178.

- Lari, minha flor, a riqueza e a pobreza são experiências humanas, específicas deste nosso mundo, as quais, muitas vezes, pedimos para enfrentar ao reencarnarmos. As duas situações nos ensinam muito e são complexas para o espírito. A pobreza pode gerar queixas intermináveis e a riqueza facilita toda a ordem de **excessos**. O que preocupa o seu coração, querida?

Lari olhou demoradamente para Vovó Angel e, com sinceridade e singeleza, perguntou:

- Vovó, se eu estudar e trabalhar, vou conseguir ser rica? Vou poder morar numa casa destas?

- Para o nosso espírito, nada é impossível, Lari! A questão é saber se o que desejamos é o melhor para nós. A riqueza, quando construída com base no trabalho honesto, é sempre meritória. No entanto, a garantia da felicidade e da realização pessoal está na simplicidade e na satisfação interior e não passa, a meu ver, só pelo dinheiro. Deus nos deu a oportunidade de desenvolver dons diferentes para evoluirmos e ajudar aos que nos cercam.

- Mas os ricos são tão frios e vivem tão bem! Enquanto os pobres sofrem tanto! Como Deus permite isso?

- Você está sendo injusta, Lari. Existem pessoas boas e más, tanto entre os ricos quanto entre os pobres. Você não sabe, mas muitos ricos ajudam de forma **anônima** a nossa casa, o que é muito louvável aos olhos de Deus. Acredito que a riqueza seja também uma prova difícil, pois a pessoa corre o risco de tornar-se egoísta, orgulhosa e **insaciável**. Sabemos de muitos casos nos quais aqueles que abusaram dos bens materiais, não gerando nenhum benefício para o próximo, retornaram em condições de extrema **penúria**!

Neste instante, as duas **divisaram** um servidor da limpeza pública, que fazia o seu trabalho com bastante cuidado, e que era cumprimentado com carinho pelos **passantes**. Vovó Angel já o conhecia e o chamou, acenando:

- Olá, Sr. José, tudo bem em casa? Como está a sua esposa?

O simpático senhor respondeu, solícito:

- Está tudo bem, Dona Angel! Maria Luíza está trabalhando na confecção da Dona Joana e já conseguimos terminar a nossa casinha! Depois do trabalho, vamos juntos todas as noites ao Supletivo e, graças a Deus, saímos das dificuldades!!!

- Vocês estão estudando para se formar em quê? – perguntou Lari, curiosa.

- Eu quero ser professor e Maria Luiza deseja trabalhar como contadora. – havia um brilho de **idealismo** e esperança nos olhos do Sr. José.

- Muito bem, Sr. José! - exclamou Vovó Angel. Ficamos felizes com o seu progresso e o de Maria Luíza. Bem, temos que ir, mas desejamos-lhe um bom trabalho! Dê lembranças à esposa!

- Obrigado, Dona Angel! – agradeceu o bom homem. - Somos muito gratos ao seu apoio junto à Dona Joana. Deus lhe abençoe! - arrematou, referindo-se ao auxílio de Vovó Angel para que a sua esposa fosse contratada na fábrica de roupas.

Vovó Angel continuou caminhando com Lari e, em certo momento, comentou:

- Lari, ouvindo o Sr. José fiquei pensando em como

as sociedades evoluem. No passado, as mulheres não tinham tantas oportunidades de estudo e de trabalho. O que indicava atraso social, pois nas comunidades evoluídas a igualdade dos direitos e deveres do homem e da mulher são essenciais. O homem e a mulher têm missões divinas na Terra. Suas responsabilidades na formação de um lar são muito importantes, devendo cada um ocupar-se de tarefas exteriores ou interiores, conforme suas aptidões. O espírito em si pode reencarnar através de corpos masculinos ou femininos, dependendo das vivências e das provas de que necessita para seu aprendizado.

- Vovó, eu quero estudar muito também! – exclamou a menina, com convicção.

- Isso mesmo, Lari! Deus nos dá as oportunidades, mas temos de saber aproveitá-las, vencendo com o nosso esforço e **persistência** as dificuldades e barreiras que se apresentem no caminho.

Ambas foram caminhando e Lari seguiu admirando o ambiente com um olhar modificado, refletindo sobre as sábias palavras de Vovó Angel.

Liberdade de escolha

O laranjal do Sr. Dirceu estava repleto de frutas. A visão era de animar qualquer um! As laranjeiras eram muito bem organizadas, todas bem alinhadas entre as outras poucas árvores de maior porte. Todo o sítio era protegido por uma cerca antiga, com **mourões** de madeira entrelaçados com arame farpado. O Sr. Dirceu tentava, naturalmente, evitar que estranhos entrassem em seu quintal e pegassem ou chupassem as suas laranjas, mas, muitas vezes, não tinha sucesso. Algumas crianças da cidade tinham conhecimento da plantação de laranjas e também das preocupações do Sr. Dirceu. Outras não estavam nem aí para elas.

Cheque as palavras em **destaque** no Glossário à página 178.

Tião e Mateus, a convite de dois colegas da escola, Tomás e Alex, foram jogar bola em um campinho de futebol próximo ao local mencionado. Retornavam pela estradinha de terra quando viram o laranjal.

Tomás voltou-se para todos e propôs:

- Pessoal, vamos lá chupar umas laranjas?

- Mas é permitido? - perguntou Tião.

- Bem... - disse Alex - o Sr. Dirceu é um chato, mas ele nunca está aqui e sempre que voltamos do futebol chupamos umas laranjas, sem muitos problemas! Vamos lá?

Alex e Tomás abriram um espaço na cerca, que parecia muito usado, e adentraram o terreno, chamando Tião e Mateus.

- Vamos lá, seus medrosos! - falou Tomás rindo e gesticulando, já próximo às laranjas.

- Eu vou lá, você vem, Tião? - disse Mateus.

- Não acho uma boa idéia... Você não devia ir.

- Mas eles conhecem aqui e disseram que não tem problema, Tião!

- Mateus, você não vê que eles estão invadindo a casa dos outros?

Tomás e Alex continuavam chamando e Mateus, para provar que era corajoso e que fazia o que queria, deixou Tião para trás e foi para o meio das laranjeiras.

Tião ficou do lado de fora da cerca olhando Mateus seguir para o meio do terreno. Gritou algumas vezes para que ele voltasse, mas não foi ouvido.

Passaram-se quase dez minutos quando, não se sabe de onde, surgiram dois cães ferozes, latindo muito. Tomás e Alex correram depressa para fora do lote, pois estavam nos pés de fruta junto à cerca. Mateus, no entanto, só teve tempo de subir em uma árvore próxima.

O Sr. Dirceu chegou, prendeu os cães e pediu para o menino descer da árvore.

- Sr. Dirceu, deixa o Mateus vir conosco? – pediu Tião, em voz alta.

- Vá chamar a mãe dele, menino. Ele só sai daqui quando ela vier!

Tião foi correndo buscar Vovó Angel. Tomás e Alex, com medo da **repercussão** do ocorrido junto aos pais, se afastaram de Tião assim que chegaram à cidade.

Ao chegar em casa, Tião procurou Vovó Angel em particular e lhe contou tudo. Em poucos minutos, ambos se puseram a caminho do laranjal.

Vovó Angel conversou com o Sr. Dirceu e pediu desculpas pelo acontecido, se **prontificando** a pagar por qualquer dano. Na verdade, o que ele queria era que os pais fossem em seu sítio e vissem o que as crianças estavam fazendo. Ele sabia das atividades fraternas de Vovó Angel e se propôs a levar, mais tarde, até à casa dela, dois sacos de laranja para a criançada. Após os **entendimentos** com o proprietário do laranjal, Vovó Angel, Mateus e Tião retornaram pela estrada conversando seriamente.

- Mateus, por que você não me ouviu? Não sabia que

estava fazendo algo errado? - falou Tião, num tom de voz bem bravo.

- Eu achei que não tinha problema!!! Tomás e Alex gritaram que eu era medroso e aí eu fui para provar que não era!

Vovó Angel, que a tudo assistia e que não havia comentado nada sobre o desagradável evento, falou, com calma:

- Mateus, você passou um susto em todos nós. Vamos aproveitar para aprender com o que aconteceu. Todos temos o livre-arbítrio para decidir o que fazer e estamos cheios de convites ao nosso redor que nos levam a caminhos errados. No entanto, temos também ao nosso lado os avisos e os chamados para o bem. A escolha é de cada um.

- Mas, Vovó, o Tomás e o Alex também foram culpados de me chamarem!!! – justificou o garoto.

- Não se atenha a eles e sim a você, Mateus. Os dois também têm culpa, mas fogem de entender a realidade. Você deve se preocupar com os seus atos e não fazer o

que eles querem para provar que é corajoso ou que é algo mais.

Os três ficaram mudos e caminharam em silêncio. Vovó Angel foi recordando, enquanto andava, as lições esclarecedoras dos amigos espirituais, que deixavam claro que cada um tem as linhas gerais da sua reencarnação traçadas por si próprio e que tem a liberdade para optar por que caminho seguir. Lembrou-se de que somos responsáveis pelo nosso crescimento ou estacionamento espiritual e que Deus, como Pai soberanamente justo e bom, não privilegia nenhum dos Seus filhos, dando condições a todos.

- Tião, não vamos comentar o ocorrido quando chegarmos. - Vovó Angel pediu. E aconselhou: - Quando você achar **oportuno**, Mateus, conte a seus irmãos o que ocorreu e o que você aprendeu.

E assim adentraram a casa. Às perguntas que lhe foram dirigidas, Vovó Angel respondeu que, no tempo oportuno, Mateus daria todas as explicações. Certamente, todos tirariam proveito das doces lições recebidas no laranjal do Sr. Dirceu.

O "Grande Circo"

O "Grande Circo" havia chegado à cidade. O comentário corrente na praça principal era sobre as suas várias atrações.

Nos fins de semana, os espetáculos eram feitos com a "casa" cheia, pois vinham, de todas as localidades do entorno, famílias inteiras para assistirem aos shows.

Vovó Angel procurou pelo gerente do circo para pedir-lhe um desconto que propiciasse às crianças o ingresso a uma apresentação. O generoso Sr. Emiliano a recebeu com atenção e cordialidade. E por ter sido também uma criança órfã, ofereceu às crianças amparadas por Vovó Angel não só o **acesso** a um programa no domingo como também um dia de sábado nas dependências do circo, junto com os artistas.

A dedicada senhora retornou à sua casa muito feliz e reconhecida por encontrar no Sr. Emiliano tamanha **consideração**. Ela lembrou-se de que os espíritos ensinavam que o homem que sofre e vence as dificuldades tem um mérito muito maior quando procura auxiliar repartindo os benefícios recebidos.

No sábado seguinte, pela manhã, Vovó Angel, Paula, Tião, Larine, Mateus, Joana, Pedrinho e Cristina já estavam no portão de entrada do circo. Foram recebidos alegremente pelo Sr. Emiliano, que exclamou:

- Sejam todos bem-vindos! Vocês são nossos convidados hoje! Aqui no circo trabalhamos para alegrar as

---

Cheque as palavras em **destaque** no Glossário às páginas 178 - 179.

pessoas e o sorriso vale muito para nós! Os aplausos são recompensa muito maior que o dinheiro dos ingressos. Nosso lema é "Faça o que gosta com dedicação para alegrar ao público e tudo sairá bem". Vocês vão ver hoje o esforço que está por trás de todo espetáculo. A Matilde vai levá-los a cada grupo de artistas. Aproveitem o dia!!!

Assim falando, o Sr. Emiliano afastou-se e Matilde se apresentou:

- Olá, meninos! Meu nome é Matilde, mas todo mundo me chama de Mati. Tenho 19 anos e sou filha de artistas. Vou ficar com vocês durante o dia todo. Vamos visitar os domadores, os equilibristas, almoçar com os palhaços, ir até a Administração, falar com os contorcionistas e, por fim, com os trapezistas!

- Os seus pais fazem o quê, Mati? - perguntou Cris, sempre curiosa.

- Meu pai é palhaço e minha mãe é trapezista. Vocês vão conhecê-los em breve!!!

Em seguida, a jovem iniciou a visitação. As crianças ficaram impressionadas com tanta dedicação e trabalho.

Pedrinho assustou-se com os leões e observava o domador, atento. Mati apresentou o Sr. Giancarlo e o menino disparou uma pergunta:

- Como é que os leões lhe obedecem, domador?

- Boa pergunta, garoto! Os animais precisam sentir que fazem algo que agradam e que, por isso, receberão uma recompensa. É preciso treinar muito para que eles tenham respeito por nós e saibam o que fazer. Tudo tem de estar perfeito na hora do show!

Seguiram com a visita e com os equilibristas viram também muito treino e esforço. Os movimentos eram repetidos continuamente e de diversas formas até se encontrar o ponto ideal.

Beatriz, uma das artistas do equilíbrio, falou:

- Se vocês querem conseguir algo, nunca digam que é impossível! Não se acomodem, pois o público quer sempre coisas novas e temos que pensar no espetáculo antes de pensar em nós mesmos!

À hora do almoço as crianças estavam ansiosas para

ver e falar com os palhaços. E qual não foi a surpresa da criançada ao receber à mesa de refeições algumas figuras de olhar curioso, que logo começaram a fazer brincadeiras.

Joana não se **conteve** e perguntou:

- Vocês não têm vergonha de ser chamados de palhaços?

O mais velho deles, chamado Pentinho, respondeu com outra pergunta:

- Por que teríamos vergonha de fazer as pessoas sorrirem e se esquecerem por um instante de seus problemas?

As crianças se divertiam muito com as atividades e os jogos. Vovó Angel observava com carinho todas as manifestações de alegria. Meditava no **desprendimento** dos interesses materiais, com vistas ao auxílio ao próximo, e em seu poder de **revolucionar** o mundo. Lembrou-se de que os instrutores espirituais ensinam que do egoísmo derivam todos os males e que ele **neutraliza** todas as outras virtudes.

Mati convocou a todos a continuarem a visita e após caminharem um pouco mais pelas instalações do circo, e terem-se impressionado com o que os contorcionistas conseguiam fazer com os seus corpos, chegaram até os trapezistas. Todos se assentaram no picadeiro e ficaram assistindo ao treino e à harmonia dos movimentos.

Tião, sempre atento, perguntou:

- Mati, quanto tempo eles gastam, por dia, no treinamento?

- Eles treinam diariamente por algumas horas e fazem outros tipos de preparo físico também!

Nisso a mãe de Mati se aproximou, cumprimentando a meninada, quando apresentada pela filha. Dona Natália estava sorridente e convidou as crianças para andarem no cabo montado para treinos e pularem na cama elástica.

Paula preferiu ficar de fora das brincadeiras e perguntou, interessada:

- Dona Natália, como é que vocês conseguem fazer tantos movimentos lá no alto, sem que ninguém caia?

- Bem, é para isto que treinamos. Vale dizer que algumas atitudes ajudam muito, como o espírito de equipe. Ninguém aqui se considera mais importante do que o outro. Temos a confiança no parceiro, sabendo que ele estará no local certo, na hora certa, para nos **sustentar**. Um outro aspecto fundamental é o da necessidade da dedicação e atenção para alçançar o objetivo com sucesso. A busca da perfeição é uma meta necessária para todos nós.

A trapezista sorriu muito simpática para Paula. E dando-lhe um tapinha nas costas afirmou:

- Vamos lá, menina, quero ver você andar no cabo! Vou lhe ensinar alguns truques!

As crianças ainda aproveitaram por algum tempo o ambiente do circo antes de voltarem para casa. No caminho, todos concordaram que o aprendizado foi intenso e o que mais os impressionou foram os trapezistas. Estavam ansiosos para assistir ao show no dia seguinte.

Vovó Angel aproveitou o momento e comentou:

- Crianças, como conclusão do dia podemos dizer que o homem é capaz de realizar muito quando se predispõe a trabalhar com dedicação e desprendimento naquilo que gosta. O egoísmo é uma **chaga** que o ser humano tem de curar. Vocês não acham?

A concordância foi geral. E aquele dia ficou para sempre na memória do grupo.

O exemplo, na vivência do dia-a-dia, sempre fala mais alto.

A verdadeira caridade

Paula caminhava pelo centro da cidade ao cair da tarde, quando se **deparou** com uma cena que lhe tocou o coração. Debaixo de uma **marquise** larga estava uma pequena família, composta de um homem, uma mulher e uma criança, que parecia ter uns cinco anos. Fazia frio e a família se acomodava como podia sob duas cobertas. A cena não era comum ali e pela primeira vez Paula divisava tal quadro.

Cheque as palavras em **destaque** no Glossário às páginas 179 - 180.

"O que teria acontecido? Por que aquelas pessoas estavam naquela situação? Como poderia ajudar?" Paula voltou para casa, com aquela cena em seu pensamento. Ao chegar, contou o que vira à Vovó Angel, questionando:

- Vovó, por que aquele casal está nesta situação? Deus não está olhando por eles?

Vovó Angel, compreendendo que a verdadeira caridade não se **restringe** a intenções, e lembrando-se dos ensinamentos de Jesus sobre a nossa necessidade de auxiliar e amar o próximo, respondeu:

- Paula, você, melhor que ninguém, sabe que Deus sempre quer o melhor para os Seus filhos. O homem é que cria os problemas em seu caminho, seja pela **imprevidência** ou pela **imprudência**. Muitas vezes, por outro lado, ocorre uma prova necessária para o seu aprendizado. Não nos cabe, neste momento, ficar aqui **cogitando**. Vamos lá ter com eles e ver em que podemos ajudar.

Dito isto, Vovó Angel pediu que Paula fosse à casa de Sílvia, a vizinha que sempre lhe auxiliava, e pedisse o favor de ir até lá. Enquanto Paula estava fora, ela preparou um lanche reforçado para oferecer aos novos personagens. Sílvia **prontificou-se** a ajudar **diligentemente**, ficando com as crianças enquanto as duas se dirigiam até o centro da cidade.

Pelo caminho, Vovó Angel comentou:

- Paula, vamos conversar com o casal com tranqüilidade, atenção e delicadeza. O primeiro passo para ajudar alguém é entender o que se passa. Os espíritos nos ensinam que devemos auxiliar sem esperar que o necessitado nos estenda a mão em agradecimento.

Ao chegarem à marquise, onde os desabrigados se alojavam, Vovó Angel percebeu o seu estado de necessidades. O frio incomodava e tanto na praça principal quanto nas ruas próximas já não se via mais ninguém. Todos haviam se recolhido às suas casas mais cedo.

Vovó Angel chegou de mansinho e perguntou ao homem se gostaria de um sanduíche e de um chocolate quente.

Os olhares de surpresa brilharam e a oferta foi aceita de imediato. A benfeitora foi logo se apresentando:

- Chamo-me Angel e esta é a minha neta, Paula. Como vocês se chamam? Podemos ajudar em algo?

- Obrigado, Dona Angel. Meu nome é Antônio, minha mulher chama-se Eunice e nosso filho é o João. Agradecemos muito a sua ajuda! Eu estou fazendo uns "bicos" aqui na cidade para ajuntar um dinheirinho, pois queremos alugar um barracão para morar e já estamos quase conseguindo! Breve estaremos saindo da rua! Decidimos conseguir isto sem pedir esmolas! Viemos para cá na esperança de encontrar meu irmão, mas descobrimos que ele se mudou da cidade e não temos como achá-lo. Ficamos sem dinheiro no momento para seguir adiante e por isto continuamos aqui!

- O senhor está no caminho certo, Sr. Antônio! Viver de esmolas **degrada** física e moralmente o homem. A melhor solução é o trabalho honesto! O que o senhor sabe fazer?

- Olha, Dona Angel, eu faço de tudo um pouco!... Já fui servente de pedreiro, ajudante de encanador...

- E eu, Dona Angel, - falou a Sra. Eunice - já fui babá e ajudante de casa, antes de ter o Joãozinho!...

Enquanto os três lanchavam, Vovó pensou em como poderia ajudá-los. Lembrou-se do convite de Jesus para que amássemos uns aos outros e lhe ocorreu uma idéia: ela possuía, em **anexo** à sua casa, um cômodo utilizado como sala de utilidades, e que poderia, momentaneamente, abrigar aquela família! Como se sentisse uma **intuição**, convidou:

- Sr. Antônio, Dona Eunice, nossa família é bem simples. Temos um quarto no terreno de nossa casa que utilizamos para a guarda de **utensílios**. Ele é limpo e **aconchegante**. Vocês aceitariam passar a noite lá? Amanhã poderemos ajudá-los a conseguir um quarto na "Vila do Céu" e algum trabalho. O que acham?

A cena que se seguiu foi de grande emoção! O Sr. Antônio encheu os olhos de lágrimas, enquanto Dona Eunice abraçava Joãozinho com carinho, pedindo a mão de Vovó Angel e de Paula para beijar, agradecida.

- Dona Angel, menina Paula, não sabemos como agradecer-lhes! - falou o Sr. Antônio, comovido. - Foi Deus quem mandou vocês aqui! Vamos com muito prazer, e ficaria muito feliz se a senhora nos ajudasse a encontrar um trabalho digno!

Paula e Vovó Angel puseram-se a caminho de casa com os três amigos. Ao chegarem, os novos personagens foram apresentados a todos e acomodados no quarto improvisado com alguns colchões disponíveis.

Antes de recolher-se em seu quarto, após fechar a casa, Vovó Angel chamou Paula e, a sós, mostrou à neta o seguinte ensinamento de São Vicente de Paulo: "*A verdadeira caridade é sempre bondosa e benévola. Está tanto no ato quanto na maneira por que é praticado. Duplo valor tem o serviço prestado com delicadeza. Se for com **altivez**, pode ser que a necessidade obrigue quem o recebe a aceitá-lo, mas o seu coração pouco se comoverá.*" [1]

Ambas foram para suas camas, refletindo sobre estas palavras de sabedoria. Assim como a história daquela família indigente, elas haviam lhes tocado profundamente a alma generosa.

---

[1] Nota do médium: de *O Livro dos Espíritos*, Capítulo XI, Pergunta 888. 68. ed., FEB, Rio de Janeiro, 1987. p. 408 - 409.

Um Natal especial

O grande calendário na cozinha apontava o mês de dezembro, véspera do Natal. A data "mexia" com o clima da casa! As crianças, neste período, ficavam alegres e ansiosas com a possibilidade de ganhar presentes. O número de visitas aumentava. No entanto, a **carência** de ter uma família só delas marcava fundo o coração.

Cheque as palavras em **destaque** no Glossário à página 180.

Vovó Angel aproveitava o Natal para comentar com mais intensidade sobre os exemplos de Jesus. Nesta época, sentia-se a melhoria do clima espiritual que envolvia a todos, desenvolvendo o sentimento de fazer o bem e ser mais alegre.

Vovó, juntamente com Sílvia, a ajudante voluntária, de alma muito bondosa, reuniu a garotada em torno da grande mesa retangular de madeira, propondo que fizessem um saquinho com balas em forma de estrela, cada um com um desenho de cada criança. A intenção de Vovó Angel era a de que todos, durante o dia de Natal, procurassem as casas das pessoas idosas e solitárias, assim como o asilo da cidade, para cantarem uma música, desejarem um bom Natal e deixarem como lembrança seu desenho alegre e as balinhas.

Sílvia havia feito uma pesquisa a pedido de Vovó Angel. Além do asilo, que tinha quinze ocupantes, identificou outras dez casas para a visitação.

As crianças estavam muito animadas e ansiosas por saírem para as visitas. Vovó Angel dizia sempre que todos podiam fazer algo para ajudar os mais necessitados e que aquela tarefa faria esquecer as tristezas e as dificuldades individuais.

Mateus, enquanto desenhava, pensava por que Jesus era tão importante e perguntou à Vovó:

- Vovó, por que Jesus é tão especial? É por que ele morreu na cruz?

A venerável senhora olhou atenta para o menino e, sem demora, respondeu:

- Mateus, meu querido, Jesus é o espírito mais elevado de que já tivemos notícia! Os espíritos nos ensinam que o Cristo é o "governador espiritual" do nosso planeta, sendo responsável por sua construção desde o início, há milhões de anos. Imagine você que ele, com tanta luz, veio até à Terra exemplificar o amor e mostrar aos homens, sem **distinção**, o roteiro do bem. A cruz ficou sendo um símbolo seu, mas, na verdade, ela era reservada, na época, para a punição dos criminosos.

Vovó Angel fez uma pequena pausa. Percebendo que todos estavam bem atentos continuou:

- Jesus só fez o bem, mas, mesmo assim, foi incompreendido e maltratado pelos homens. Em todos os momentos, nos deu exemplos de verdade e vida, e na cruz perdoou todos que lhe feriram. Quem saberia me dizer algum ensinamento de Jesus?

As crianças levantaram a mão e foram citando:

- *"Amai-vos uns aos outros como eu vos amei!"* [1]

- *"Perdoai setenta vezes sete."* [2]

- *"Sede perfeitos."* [3]

- *"O maior seja como o menor."* [4]

Vovó Angel ficou feliz ao ver que as crianças estavam aprendendo a amar o Mestre. Lembrou-se de que periodicamente contava os fatos da vida do Senhor e suas **parábolas**. E agora podia perceber como as crianças estavam **absorvendo** os seus ensinamentos.

No dia seguinte, após o café da manhã, Vovó Angel, Sílvia e os pequenos começaram as visitas. As pessoas as

Notas do médium: [1] João, 13: 34. [2] Mateus, 18: 22. [3] Mateus, 5: 48. [4] Lucas, 22: 26.

recebiam com emoção e alegria. Ficava claro que as crianças motivavam sentimentos novos por onde passavam. No asilo "Luz no Caminho", elas cantaram músicas singelas e tocantes, emocionando muitos dos velhinhos.

A direção do asilo convidou os visitantes para uma refeição em conjunto, em comemoração ao Natal. E ao final da confraternização, Vovó Angel pediu que fosse cantada, a título de prece, uma música que homenageava Jesus e que dizia assim:

Jesus, divino amigo,
Gratos louvamos teu nome.
Tua luz é nosso abrigo
Contra a dor que consome.

Quando miramos teus ensinos,
A terra e o céu se modificam.
Cada palavra é como sol a pino.

Se a doença nos visita,
Ou abate-nos a tristeza,
Temos só uma certeza:
Que tu nos tem à vista.

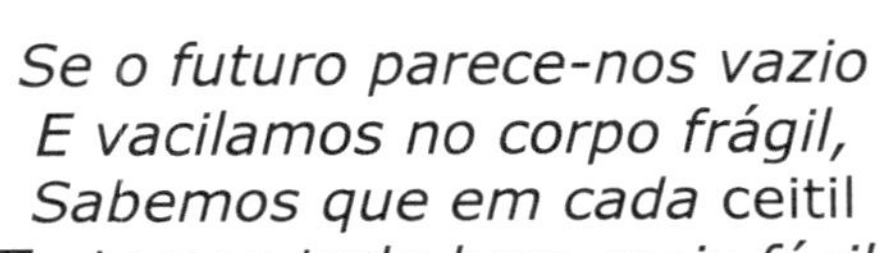

Se o futuro parece-nos vazio
E vacilamos no corpo frágil,
Sabemos que em cada ceitil
Tu tornas tudo bem mais fácil!

Somos felizes, Senhor amado,
Pois te sentimos sempre ao nosso lado.
Sabemos que tu segura-nos a mão
E indica-nos o caminho do bem.

Quando miramos teus ensinos,
A terra e o céu se modificam.
Cada palavra é como sol a pino.

Encerrrou-se, desta feita, aquele dia mais que especial! E quando iam pelo caminho, de volta para casa, no céu as estrelas piscavam como milhares de pequenos olhos, indicando a felicidade do Alto.

Desejos de Ano Novo

A noite cobria a cidadezinha de um azul-escuro inigualável. Fora da casa de Vovó Angel podiam-se ouvir os múltiplos cantares dos grilos.

As crianças esperavam a hora de dormir e dedicavam-se, em pequenas rodas, a diversos afazeres.

Embora a cidade toda **fervilhasse** para os festejos da passagem de ano, ali, naquele singelo lar, tudo transcorria tranqüilamente.

Percebendo que o momento se fazia adequado, Vovó Angel chamou a todos para uma conversa especial. Começou a falar nestes termos:

- Antes que os fogos de artifício comecem a estourar pelo céu da cidade, anunciando o novo ano, gostaria de conversar um pouco sobre o ano que passou e sobre o ano que vai começar.

Todos estavam curiosos para saber o que Vovó Angel diria e o silêncio era tão grande que só se ouviam os grilos incansáveis.

- Esta é uma boa oportunidade para refletir sobre tudo o que fizemos de certo e de errado no ano que se finda, e nos comprometer com o que pretendemos realizar no próximo ano. Como vocês sabem somos espíritos imortais e estamos no caminho de aprendizado, mas só conseguiremos evoluir se nos predispusermos a aprender

Cheque as palavras em **destaque** no Glossário às páginas 180 - 181.

e a corrigir nossas falhas. Se quisermos ser melhores, temos que programar e planejar o que queremos alcançar.

Vovó Angel se calou e observou um a um. Ela sabia que só conseguimos o sucesso em nossas **aspirações** se formos muito disciplinados e **focados** no que desejamos.

Como queria passar esta experiência para as crianças, ela teve a idéia de fazer um exercício.

- Vou propor a vocês o seguinte: cada um vai pensar numa qualidade que quer desenvolver no próximo ano e dizer para a turma. Eu começo e após mim fala a Paula, até chegar na Cris, que é a mais nova. Vocês concordam?

Todos concordaram com um gesto de cabeça e Joana aproveitou para perguntar:

- Vovó, como saber o que é uma qualidade?

- As qualidades são atributos que determinam a nossa natureza, Joana, e mostram, pelo reflexo de nossas ações, o que temos dentro de nós. Por exemplo: ser otimista é ter a qualidade de sempre acreditar que tudo dará certo em nosso futuro. - respondeu Vovó.

A nobre senhora silenciou por alguns segundos. Depois iniciou, como combinado:

- Vejamos... a qualidade que pretendo desenvolver no ano novo é "saber ouvir". Isto é muito importante, pois somente quando entendemos as pessoas é que podemos nos relacionar bem com elas e saber como agir para ajudá-las. O "saber ouvir" vai além das palavras. Temos que perceber o que está por trás delas, o que está no fundo do coração!... Paula, minha querida, agora é a sua vez.

A garota não se fez de **rogada** e disse:

- Eu gostaria de ser mais atenciosa com vocês e com as minhas colegas. Muitas vezes eu sou muito fria e estúpida!

Depois foi a vez de Lari e Tião.

Os gêmeos ficaram olhando um para o outro, esperando quem falava primeiro. Finalmente, o menino falou:

- No próximo ano, quero ter mais atenção na sala de aula. Às vezes, meu pensamento viaja e eu perco os assuntos...

Lari esperou Tião terminar e falou:

- E eu vou tentar ser paciente com todo mundo! Muitas vezes eu falo demais e não deixo ninguém falar, porque eu não tenho paciência de ouvir os outros.

Mateus viu que havia chegado a sua vez. Pensou, pensou e finalmente exclamou:

- No próximo ano, eu vou tentar jogar bola melhor e fazer muitos gols!

Vovó Angel olhou para ele e achou que era o momento de interromper, comentando:

- Fico feliz que você queira jogar bola melhor, Mateus! Isto é muito bom, mas que tal tentar também uma qualidade interior?

- Bem, Vovó, eu gostaria também de ajudar os outros!!! - respondeu Mateus.

- Agora sim, Mateus! - disse Vovó Angel. - Ao nos predispormos a ajudar, a oportunidade aparece! E muitas vezes quando menos se espera!

Paula, neste instante, cutucou Pedrinho e disse:

- Pedrinho, é você agora!!!

Pedrinho olhou incomodado para Paula, fez cara de pensativo, e falou, muito sério:

- Eu quero ser um menino bom.

- Gostei de ver, Pedrinho! - disse Vovó Angel. - Ser bom significa, entre outras coisas, praticar o bem, ser educado, respeitar o direito dos outros.

Faltavam falar Joana e Cris. As duas cochicharam e Joana perguntou:

- Vovó, eu e a Cris podemos desejar a mesma coisa?

Vovó Angel, que conhecia a estreita ligação das duas, moveu afirmativamente a cabeça e Joana, então, disse:

- Vovó, eu e a Cris queremos ser felizes e alegres!!!

- Muito bem, meninas, gostei da opção de vocês,

porque a alegria e a felicidade **contagiam** e nos levam a viver melhor!

Vovó Angel fez um pequeno **intervalo** na fala e quando ia continuar os fogos de artifício na praça principal da cidade começaram a estourar, anunciando o ano novo. O barulho não era muito forte, mas mesmo assim todos foram para a janela ver as luzes coloridas. Após o espetáculo, Vovó abraçou a todos e disse:

- Crianças, agora que já fizemos nossas promessas para o novo ano vamos orar a Deus: Pai amado, neste instante em que entramos em mais um ano, pedimos a Tua ajuda para que consigamos trilhar o caminho do bem. Auxilia, Senhor, todos os que sofrem neste momento - os doentes, quem não tem um lar, aqueles internados nos presídios, os que não têm esperança, e mostra a todos nós o bom caminho. Ampara esta casa, Senhor, para que neste ano novo possamos cultivar a paz, a harmonia e o amor. Agradecemos-Te, Senhor, por tudo que temos recebido e agradecemos, em especial, aos nossos mentores e espíritos protetores. Fica conosco, Senhor, hoje, agora e sempre. Que assim seja.

Após a prece, proferida com profundo sentimento e

sinceridade, um forte e **indescritível** perfume exalou no ambiente.

Vovó Angel convidou então a todos para recolherem-se em suas camas e, já em seu quarto, lembrou-se saudosa, e com muito amor e carinho, de todos os seus familiares que estavam distantes dali.

Em nova prece enternecida, pediu a Deus que levasse a cada um o beijo cheio de saudade e afeto, envolto na certeza indubitável de que o nosso tempo é infinito na eternidade do amor divino.

Posfácio
Carlos Malab

MINHAS PALAVRAS

Fui convidado pelo amigo e editor do Vinha de Luz – Serviço Editorial, Geraldo Lemos Neto, a compartilhar com você, estimado leitor, a experiência mediúnica de recepção das páginas do *Era uma vez para sempre*. Aceitei o convite com muita alegria, considerando ser esta uma forma nova e interessante de agradecer aos nossos "mestres da vida", ressaltando que a vivência mediúnica nada tem de extraordinário, além da grande oportunidade que Deus dá a todos nós, enquanto encarnados.

Em nível de apresentação pessoal, entendo que cabe aqui esclarecer que adentrei o Espiritismo pela União Espírita Mineira (UEM), levado por minha mãe, quando tinha apenas 9 anos de idade.

Desde então foram anos de grande aprendizado, nos quais tive a oportunidade de conviver com muitos mestres, dentre eles D. Neném Aluotto e Sr. Martins Peralva - que sempre me apoiaram e esclareceram -, Srs. Honório de Abreu, Leão Zálio, José Damasceno Sobral, Arnaldo Rocha, Antônio Fontana, Pércio

Godoy. Com eles estudei os ensinamentos da Doutrina Espírita e iniciei seu exercício nas diversas atividades da Mocidade "O Precursor" e nas reuniões mediúnicas do Grupo Ephigênio Salles Víctor. Contribuíram muito para a minha formação, igualmente, os anos que participei como coordenador da Confraternização das Mocidades Espíritas de Belo Horizonte (COME-BH), juntamente com os Srs. Wanderlei Soares de Oliveira, Marcelo Gardini, Roberto Lúcio Vieira de Souza, William Incalado Marquez, Felipe Estabile Moraes, Márcio Pacheco de Melo e Telma Núbia Tavares.

Por motivos profissionais, resido na capital do Estado do Rio de Janeiro, contudo os laços com os amigos de Belo Horizonte se mantiveram.

Nas conversas semanais com o Geraldo, sempre comentava que sentia há algum tempo um anseio muito grande de escrever. Não sabia precisar o quê. As folhas de papel em branco eram para mim como uma refeição apetitosa, que deveria ser consumida com os talheres do lápis e caneta.

Geraldo, com a atenção que lhe é característica, comentou a própria experiência mediúnica e no contato com o amigo Ivanir Severino da Silva, da Fraternidade Espírita Cristã Francisco de Assis (Fecfas), em Belo Horizonte | MG, transmitiu-me um recado de Irmão José, um dos mentores espirituais da instituição: eu deveria reservar dia e horário específicos da semana para fazer o culto do Evangelho no lar e ficar à disposição dos amigos da Espiritualidade Maior.

Para tanto, recebi o apoio de Jussara, Júlia e Luiza, respectivamente, esposa e filhas. Pusemos em prática as instruções recebidas. Surgiram, então, pequenas mensagens. Logo percebi que não possuía uma mediunidade do tipo mecânica ou semi-mecânica, mas sim a mediunidade intuitiva, conforme descrito por Allan Kardec em seu *O Livro dos Médiuns*.

Na seqüência, através das amigas Wanda Amorim Joviano, Suzana Mousinho e Maria Idê Cassão Mousinho, eu e minha família começamos a participar das atividades do Lar Espírita André Luiz (LEAL), em Petrópolis | RJ. E foi lá, após as tarefas abraçadas, que senti a necessidade de me recolher e escrever. Assim, após uma prece, passei para o papel a primeira mensagem: *A grande janela*.

Deste momento em diante, formatei os demais textos, com uma freqüência, em média, semanal.

Muitas vezes a idéia central da mensagem intuída aparecia durante a semana e se consolidava de forma definitiva no momento adequado.

Passei a apresentar e comentar todas as mensagens em palestras no LEAL, quinzenalmente, nas manhãs de sábado, daí surgindo a idéia de oferecer aos amigos esta singela obra.

Agradeço ao espírito de Blandina pela extrema paciência e carinho para com a minha pessoa, cheia de limitações, amparando-me em nome da misericórdia de Jesus.

Deixo aqui o reconhecimento sincero a Deus, pela oportunidade que eu e minha família recebemos, e um grande abraço a você, caro leitor, esperando, de coração, que estas lições de vida lhe sejam tão úteis como têm sido para nós.

Rio de Janeiro, 17 de fevereiro de 2007.
Em memória aos 4 anos de desencarnação de D. Neném Aluotto.

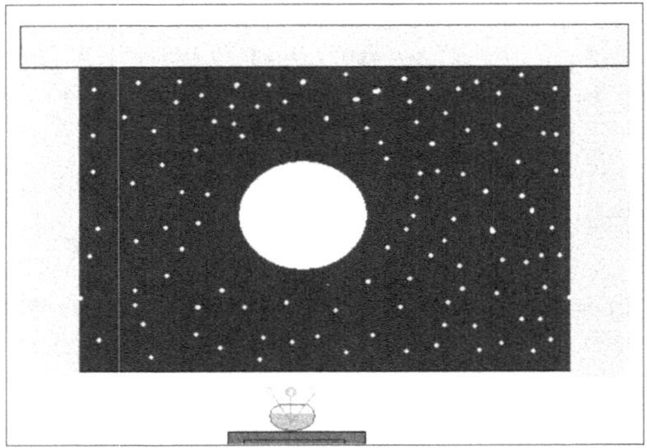

Desenho de Luiza Vieira Malab, feito em 20 de outubro de 2005, referente à mensagem *A grande janela.*

Glossário

A GRANDE JANELA

Prece: rogo, pedido, súplica. *"A prece é uma invocação, mediante a qual o homem entra, pelo pensamento, em comunicação com o ser a quem se dirige."* PRECE. In: PALHANO, Jr., L. *Dicionário de filosofia espírita.* 3. ed. Rio de Janeiro: Edições Léon Denis, 2004. p. 247.

Inspirada | inspirado: que procede sob o influxo de uma inspiração mística ou poética, que tem ou revela inspiração, verdadeira inspiração. Aquele que revela inspiração. *"Inspiração: recebimento espiritual de pensamentos ou idéias esclarecedoras, poéticas, literárias ou de outros tipos. É uma variação da mediunidade intuitiva, com a diferença de que a intervenção oculta na inspiração é muito menos sensível. Por isso que, ao inspirado, ainda é mais difícil distinguir o pensamento próprio do que lhe é sugerido."* INSPIRAÇÃO. In: PALHANO, Jr., L. *Dicionário de filosofia espírita.* 3. ed. Rio de Janeiro: Edições Léon Denis, 2004. p. 163.

Gêmeos | gêmeo: diz-se de cada uma das crianças que nasceram de um mesmo parto. Idêntico, igual. Diz-se de coisas que, sendo iguais, ou simétricas, formam um conjunto.

Ciências | ciência: conhecimento. Saber que se adquire pela leitura e meditação, instrução, erudição, sabedoria. Conjunto de conhecimentos socialmente adquiridos ou produzidos, historicamente acumulados, dotados de universalidade e objetividade que permitem sua transmissão, e estruturados com métodos, teorias e linguagens próprias, que visam compreender e orientar a natureza e as atividades humanas.

Típico: que serve de tipo, característico. Alegórico, simbólico.

Dimensão: tamanho, importância, valor.

Expositor: aquele que expõe ou esclarece sobre determinado assunto.

A MUDANÇA DE ROUPA

Abençoada | abençoar: dar ou lançar a bênção a; benzer, abendiçoar, bendizer. Fazer feliz, tornar próspero, proteger. Constituir bênção ou proteção para.

Impressionável: que se impressiona facilmente. Que pode receber impressões.

Episódio: incidente. Fato notável relacionado com outros. Caso, sucesso, cena.

Encarnado: que encarnou. Que foi objeto de encarnação. Encarnar: tomar vulto ou forma. Entranhar-se, enraizar-se. *"Encarnação: estado em que os espíritos estão quando se reves-tem de um envoltório corporal. Diz-se espírito encarnado (...) A encarnação pode ocorrer na Terra ou em outro mundo."* ENCARNAÇÃO. In: PALHANO, Jr., L. *Dicionário de filosofia espírita*. 3. ed. Rio de Janeiro: Edições Léon Denis, 2004. p. 101.

Desencarnado | desencarnar: deixar a carne, passar para o mundo espiritual. Morrer. *"Desencarnado: espírito que não está mais vivendo em um corpo de carne, por efeito da morte. (...) Desencarnar: é o ato da desencarnação. Morrer, falecer. Quando o espírito se emancipa totalmente do corpo físico."* DESENCARNADO. In: PALHANO, Jr., L. *Dicionário de filosofia espírita*. 3. ed. Rio de Janeiro: Edições Léon Denis, 2004. p. 163.

Palestra: conversação. Conferência ou discussão sobre assunto cultural.

Mediunidade: *"é uma faculdade inerente ao homem, que permite a ele a percepção, em um grau qualquer, da influência dos espíritos. Não constitui um privilégio exclusivo de uma ou outra pessoa, pois, sendo uma possibilidade orgânica, é hereditária e depende de um organismo mais ou menos sensitivo. Só se classificam pessoas como médiuns se a mediu-nidade se mostra bem caracterizada e se traduz por efeitos patentes, de certa intensidade. Essa faculdade se revela, da mesma maneira, em todos. Geralmente, os médiuns têm uma aptidão especial para os fenômenos desta ou daquela ordem, donde resulta que formam tantas variedades quantas são as espécies de manifestações. Medianimidade."* MEDIUNI-DADE. In: PALHANO, Jr., L. *Dicionário de filosofia espírita*. 3. ed. Rio de Janeiro: Edições Léon Denis, 2004. p. 205.

Médium: *"do latim medium = meio; intermediário, medianeiro. Pessoa que pode servir de intermediária entre os espíritos e os homens. Aquele que em um grau qualquer sente a influência dos espíritos de modo ostensivo. Todas as variedades de médiuns apresentam um infinidade de graus em sua intensidade (...)."* MÉDIUM. In: PALHANO, Jr., L. *Dicionário de filosofia espírita*. 3. ed. Rio de Janeiro: Edições Léon Denis, 2004. p. 200.

OBSERVANDO AS PIPAS

Malabarismo: exercício de jogos malabares, habilidades de malabarista. Habilidade para

lidar com situações difíceis, inseguras, instáveis.

Critério: aquilo que serve de base para comparação, julgamento ou apreciação. Princípios que permitem distinguir o erro da verdade. Discernimento, circunspeção, prudência. Modo de apreciar coisas e/ou pessoas.

Vibracionalmente | vibracional: os termos *"não estão dicionarizados, mas têm sido empregados pelos espíritas para designar estados particulares de certas atividades mentais ou espirituais. O mesmo que vibratório (...) = que vibra, que produz vibração."* VIBRACIONAL. In: PALHANO, Jr., L. *Dicionário de filosofia espírita*. 3. ed. Rio de Janeiro: Edições Léon Denis, 2004. p. 302.

Volitação | volitar: esvoaçar, voejar. *"Deslocamento do corpo espiritual no meio etéreo ou espiritual, por um processo de locomoção que dá a idéia de um vôo, impulsionado pela vontade de quem volita."* VOLITAÇÃO. In: PALHANO, Jr., L. *Dicionário de filosofia espírita*. 3. ed. Rio de Janeiro: Edições Léon Denis, 2004. p. 304.

Titubeou | titubear: falar hesitando ou trepidando, exprimir-se com dificuldade. Ter dúvidas, vacilar, duvidar.

Adensar: tornar espesso ou denso. Tornar grave, pesado, carregar, agravar. Saturar, impregnar. Reunir-se, formando grupo denso, compacto.

Clarividente: que vê com clareza, atilado, esperto. Prudente, cauteloso. *"Clarividência: Psicoscopia, vidência, dupla vista, segunda vista. Faculdade anímica ou mediúnica que consiste na percepção "visual" dos seres espirituais, de cenas espirituais, de imagens e acontecimentos do mundo corpóreo que estão fora do alcance visual normal, perto, longe ou obliterado de alguma forma. (...) É na maioria das vezes resultado de um transe parcial, consciente ou não, quando as regiões sensoriais de referência do cérebro estão dissociadas ou em baixa tensão psíquica. Como se trata de uma percepção extracerebral ou espiritual, o vidente pode penetrar os meandros do passado (retropsicoscopia), do presente e do futuro (precognição, profecia ou premonição). (...)"* CLARIVIDÊNCIA. In: PALHANO, Jr., L. *Dicionário de filosofia espírita*. 3. ed. Rio de Janeiro: Edições Léon Denis, 2004. p. 66.

Apetrechos: quaisquer objetos necessários à execução de algo, aprestos.

Interage |interagir: agir mutuamente (dois ou mais objetos, duas ou mais coisas), interatuar, exercer interação.

NO JARDIM DAS ROSAS

Harmonia: disposição bem ordenada entre as partes de um todo. Proporção, ordem, simetria. Acordo, conformidade. Paz. Suavidade e sonoridade do estilo. Consonância ou sucessão agradável de sons.

Excursão: passeio de instrução ou de recreio, pelos arredores. Viagem de recreio, às vezes em grupo e com guia.

Sítio: lugar, local, ponto. Localidade, povoação.

Reencarnação: *"dogma de, praticamente, todas as religiões antigas, cada qual com a sua versão, a reencarnação vem a ser elevada à condição de Lei Universal pelo Espiritismo como condição 'sine qua non' para a evolução de todos os seres viventes. Trata-se da doutrina da pluralidade das existências corpóreas, do renascimento, das muitas vidas corpóreas sucessivas que um espírito necessita para aprender e aperfeiçoar-se, tanto na Terra quanto em outros planetas habitados do Universo. (...)"* REENCARNAÇÃO. In: PALHANO, Jr., L. *Dicionário de filosofia espírita.* 3. ed. Rio de Janeiro: Edições Léon Denis, 2004. p. 264.

Reencarnar: *"fenômeno natural no qual um espírito volta à vida corporal por um novo nascimento pela via uterina. Nascer de novo num novo corpo, desde a concepção. (...)"* REENCARNAR. In: PALHANO, Jr., L. *Dicionário de filosofia espírita.* 3. ed. Rio de Janeiro: Edições Léon Denis, 2004. p. 265.

Mecanismo: processo de funcionamento.

Regressão: ato ou efeito de regressar, de voltar, retorno, regresso, ato ou efeito de regredir, retrocesso. Adoção, por um período de tempo curto ou duradouro, de atitudes e comportamentos característicos de nível de idade anterior.

Medite | meditar: submeter a um exame interior, pensar em. Estudar, ponderar, considerar. Projetar, intentar, planear, planejar. Fazer meditação, refletir, pensar.

Ângulo: esquina, canto, aresta. Figura formada por duas retas que têm um ponto comum. Por acepção, isto é, no sentido do texto, "ponto de vista".

Interiorizando | interiorizar: trazer para dentro de si, incorporar ao seu mundo interior (aquilo que é exterior). Introduzir, infundir.

Desígnio: intento, intenção, plano, projeto, propósito.

Exalar: emitir, espirar, lançar de si (vapores, odores, etc.). Dar livre expansão a, soltar, expandir. Dar livre curso a, manifestar. Proferir, soltar. Emanar, evolar-se. Dissipar-se, desvanecer-se, extinguir-se.

Misericórdia: indulgência, graça, perdão. *"Compaixão suscitada pela miséria alheia, indulgência, grito de quem pede perdão."* MISERICÓRDIA. In: PALHANO, Jr., L. *Dicionário de filosofia espírita*. 3. ed. Rio de Janeiro: Edições Léon Denis, 2004. p. 212.

O PASSEIO NA CACHOEIRA

Conferindo | conferir: dar, conceder, outorgar.

Comando: ação de comandar. Posto, autoridade ou função de comandante. Direção, governo, liderança, mando.

Roteiro: norma, regulamento, regra, preceito. Guia.

Evolução: passagem sucessiva de coisas, pessoas, acontecimentos, etc. Movimento ou deslocamento gradual e progressivo em determinada direção. Série de movimentos concatenados e harmônicos. O desenrolar de acontecimentos ou atos a partir de um momento ou situação inicial, numa sucessão em que cada novo elemento é em parte determinado ou condicionado pelo(s) anterior(es).

Reino: domínio, esfera, âmbito. Cada uma das mais altas categorias em que se agrupam os seres vivos da Natureza.

Pertinente: relativo, referente, concernente, respeitante, pertencente. Que vem a propósito, próprio, apropositado. Importante, relevante, válido.

Envolta | envolto: envolvido, embrulhado.

Lampejo: clarão ou brilho repentino. Faísca, fagulha, centelha, chispa. Manifestação rápida e/ou brilhante duma idéia.

Complexo: que abrange ou encerra muitos elementos ou partes. Observável sob diferentes aspectos. Confuso, complicado, intricado.

Teoria: conhecimento especulativo, meramente racional. Conjunto de princípios funda-

mentais duma arte ou duma ciência. Opiniões sistematizadas. Noções gerais, generalidades. Suposição, hipótese. Utopia, quimera.

Porta-voz: pessoa que fala, não raro oficialmente, em nome de outrem.

A TORNEIRA DA SINTONIA

Explanação: ato de explanar, explicação minuciosa.

Assimilação | assimilar: tornar semelhante, ou igual, assemelhar. Apropriar-se, compenetrar-se de (idéia, sentimento, etc.), fixar, apreender, aprender (idéias, ensinamentos).

Propiciam | propiciar: tornar propício, favorável. Fazer aparecer inesperadamente, deparar, proporcionar.

UM NOVO CULTO NO LAR

Transcorria | transcorrer: decorrer, perpassar. Passar além de. Permanecer, decorrer (em certo estado ou condição).

Afoito: sem medo, corajoso, ousado, destemido, audaz. Valentão. Apressado, precipitado, ansioso.

Estabelecimento: ato ou efeito de estabelecer(-se). Fundação, instituição.

Culto: adoração ou homenagem à divindade em qualquer de suas formas, e em qualquer religião. Modo ou sistema de exteriorizar o culto. Ritual. Adoração, veneração, reverência, preito.

Moral: conjunto de regras de conduta consideradas como válidas, quer de modo absoluto para qualquer tempo ou lugar, quer para grupo ou pessoa determinada. O conjunto das nossas faculdades morais.

Ensejamos | ensejar: dar ensejo a. Esperar a oportunidade de. Tentar, ensaiar. Deparar ou oferecer ocasião de.

Proferisse | proferir: pronunciar em voz alta e clara. Dizer, pronunciar. Dizer, lendo.

Presteza: ligeireza, prontidão. Rapidez, agilidade.

Caridade: no vocabulário cristão, o amor que move a vontade à busca efetiva do bem de outrem e procura identificar-se com o amor de Deus. Benevolência, complacência, compaixão. Beneficência, benefício. *"Do latim 'caritate'. Uma palavra nova, nascida no meio de uma doutrina nova e que descreve um qualidade nova. Na verdade, uma palavra que indica uma atitude nova para com os outros, impossível sem a dinâmica cristã ou similar. Jesus enunciou em Mateus, 5: 43-48 que o amor humano deve seguir o padrão do amor de Deus - ágape. Assim o significado de ágape é benevolência incondicional, a boa vontade, o amor ao próximo, fazer o bem sem olhar a quem. A caridade é o amor aplicado a todos, não só para os da mesma comunidade, como querem alguns cristãos exclusivistas. O lema do Espiriismo é 'Fora da caridade não há salvação'. (...)* CARIDADE. In: PALHANO, Jr., L. *Dicionário de filosofia espírita.* 3. ed. Rio de Janeiro: Edições Léon Denis, 2004. p. 255.

Dirigente: que ou quem dirige, diretor.

Afinidade: conformidade, identidade, igualdade. Tendência combinatória. Coincidência de gostos ou de sentimentos.

Agremiação: ato de agremiar(-se). Sociedade. Ajuntamento em assembléia.

Fraternidade: amor ao próximo, fraternização. União ou convivência como de irmãos, harmonia, paz, concórdia, fraternização.

Despendido | despender: fazer despesa de, gastar. Espalhar com liberalidade, prodigalizar. Gastar, consumir.

Refúgio: apoio, amparo, proteção, socorro.

Fluidifiquem | fluidificar: tornar fluido. Reduzir-se a fluido, diluir-se. No sentido do texto significa "magnetizar", "imantar".

OS MUNDOS HABITADOS E OS ET'S

Amena: de trato suave, delicada, branda, afável, agradável. Que se processa de maneira fácil e agradável, aprazível. Deleitosa, deliciosa. Temperada, moderada.

Límpido: que não é turvo, transparente, translúcido, claro. Nítido, claro, limpo, puro. Polido, brilhante, luzidio. Sem nuvens, desanuviado, claro. Ingênuo, simples.

Indagar: procurar saber, tentar descobrir, investigar, pesquisar, averiguar, esquadrinhar, perscrutar, explorar. Perguntar, inquirir.

Extraterrestre: diz-se de, ou aquele ou aquilo que é de fora da Terra.

Superioridade: qualidade do que é superior. Vantagem, primazia.

Intelectual: relativo ao intelecto. Que possui dotes de espírito, de inteligência. Pessoa que tem gosto predominante ou inclinação pelas coisas do espírito, da inteligência.

Expiações | expiação: ato ou efeito de expiar, castigo, penitência, cumprimento de pena. *"A expiação é o resultado do mau procedimento do indivíduo perante a lei de Deus que está escrita na consciência de cada um. Funciona mais como uma corrigenda divina do que como castigo, propriamente dito. O Espiritismo ensina que o culpado diante da consciência e de Deus pode expiar seus crimes na mesma existência em que cometeu o desatino ou em existência futura, quando terá chance de aproveitar melhor a lição que a vida lhe reserva. Há também a chance de se consertarem os danos causados por meio de ações esmeradas no bem incondicional. O certo é que Deus é Pai e Criador e não quer a destruição do pecador, mas a sua recuperação e a sua educação para a plenitude do existir com Ele. 'Na Natureza não há castigos nem recompensas, mas conseqüências.'"* EXPIAÇÃO. In: PALHANO, Jr., L. *Dicionário de filosofia espírita*. 3. ed. Rio de Janeiro: Edições Léon Denis, 2004. p. 119.

Regeneração | regenerar: tornar a gerar, reproduzir (o que estava destruído). Dar nova vida a, revivificar, regerar. Reconstituir, restaurar, reorganizar. Emendar, ou corrigir moralmente, recuperar. Formar-se de novo, vivificar-se. Emendar-se, corrigir-se, reabilitar-se.

Expectativa: esperança fundada em supostos direitos, probabilidades ou promessas.

Retardatário: que ou aquele que está atrasado. Que ou aquele que chega tarde.

Degredado: que ou aquele que sofreu pena de degredo, desterrado. Banido, exilado.

Regresso: ato ou efeito de regressar, volta, retorno.

UM ARCO-ÍRIS INSPIRADOR

Arco-íris: fenômeno resultante da dispersão de luz solar em gotículas de água suspensas na atmosfera, e que é observado como um conjunto de arcos de circunferência (excepcionalmente como circunferências inteiras) coloridos com as cores do espectro solar.

Fenômeno: fato, aspecto ou ocorrência passível de observação. Fato de interesse científico, suscetível de descrição ou explicação.

Vidente: *"pessoa, percipiente ou médium, que possui a faculdade de vidência. É mais uma faculdade anímica que mediúnica, embora possa estar a serviço dos espíritos. Clarividente."* VIDENTE. In: PALHANO, Jr., L. *Dicionário de filosofia espírita*. 3. ed. Rio de Janeiro: Edições Léon Denis, 2004. p. 303.

Relato: ato ou efeito de relatar, relação. Descrição, notícia, informação, relatório (de um fato, de um estado de espírito, etc.)

Desdobramento: ato ou efeito de desdobrar(-se), desdobre, desdobro. *"Transe no qual o espírito do percipiente desloca-se e vai até outros lugares, distantes ou não, fora da dimensão tempo/espaço, e descreve o que vê e o que faz. É o processo de exteriorização do perispírito, decorrendo vários outros fenômenos. A bicorporeidade ou bilocação, por exemplo, é a materialização do perispírito do médium desdobrado, emancipado (parcialmente ou momentaneamente) do corpo. Como qualquer tipo de transe, o médium pode estar consciente ou não.(...)"* DESDOBRAMENTO. In: PALHANO, Jr., L. *Dicionário de filosofia espírita*. 3. ed. Rio de Janeiro: Edições Léon Denis, 2004. p. 83.

Predispôs | predispor: dispor(-se) com antecipação, preparar(-se).

Templo: edifício público destinado ao culto religioso. Templo cristão, igreja. Lugar misterioso e respeitável.

Mesquita: templo maometano.

Sinagoga: a partir do exílio babilônico (séc. VI a. C.), local de reunião dos israelitas para a leitura da Bíblia e a prece. Templo israelita.

Aportava | aportar: encaminhar ou levar a algum lugar. Entrar, chegar. Chegar ao porto.

Professamos | professar: reconhecer publicamente, confessar. Fazer propaganda de, preconizar, propagar, apregoar. Seguir a regra de, obedecer às normas de. Pôr em prática, levar a cabo, realizar, executar. Adotar, seguir (uma doutrina).

DONA ANTÔNIA

Especialidade: qualidade ou caráter de especial, particularidade. Trabalho, profissão (ou ramo dentro de uma profissão), de cada um. Habilidade ou interesse particular de cada um.

Melancolia: estado mórbido de tristeza e depressão. Estado de languidez e tristeza indefinida. Desgosto, pesar, tristeza.

Desenlace: desenlaçamento. Desfecho, solução, remate, desenredo.

Colônia: conjunto de pessoas que se agrupam para determinado fim. Lugar onde se estabelece qualquer desses grupos.

Refazimento | refazer-se: fazer novamente. Reformar, reorganizar. Emendar, corrigir. Consertar, reparar. Dar novo vigor a, restabelecer, restaurar. Nutrir, alimentar. Restaurar, recuperar. Ressarcir, indenizar. Abastecer, prover. Restaurar as próprias forças. Abastecer-se ou prover-se novamente.

Instituições | instituição: ato de instituir, criação, estabelecimento. A coisa instituída ou estabelecida, instituto. Associação ou organização de caráter social, educacional, religioso, filantrópico, etc.

Matreira: muito experiente, astuta, sabida, experimentada, matraqueada.

Sutil: tênue, fino, delgado, grácil. Muito miúdo, quase impalpável.

Prosa: conversa, palestra.

O PASSE MAGNÉTICO

Indício: sinal, vestígio, indicação.

Surto: aparecimento repentino, irrupção.

Acometida | acometimento: ato ou efeito de acometer, cometimento. Investida, ataque, assalto.

Homeopático: relativo ou pertencente à homeopatia, que é um sistema terapêutico criado por Christian Friedrich Samuel Hahnemann [1755-1843], que consiste em tratar as doenças por meio de substâncias ministradas em doses diluídas, a ponto de se tornarem, por vezes, infinitesimais, consideradas capazes de produzir, em indivíduos sãos, quadros clínicos semelhantes aos que apresentam os doentes a serem tratados.

Abatida: que se abateu. Lançada por terra, caída, derribada, derrubada. Diminuída, prostrada. Enfraquecida, debilitada. Cansada, fatigada, desanimada, entibiada, deprimida.

Jazem | jazer: estar situado, colocado, ficar. Habitar, morar, viver. Apoiar-se, assentar. Permanecer, continuar.

Dádiva: aquilo que se dá, presente, oferta, donativo, dom, doação.

O ANIVERSÁRIO DE VOVÓ ANGEL

Pressentindo | pressentir: sentir antecipadamente. Adivinhar, prever, pressagiar. Ter suspeitas de, desconfiar, suspeitar. Ouvir ou perceber ao longe, ou antes de ver.

Interferir: ter interferência, intervenção, intervir. Produzir interferência.

Mérito: merecimento.

Comprazem | comprazer: fazer o gosto, a vontade, ser agradável. Ser do agrado de (pessoa), ou da sua preferência. Condescender, ceder. Agradar, satisfazer. Fazer o gosto, a vontade de outrem, ser-lhe agradável. Deleitar-se, regozijar-se.

Antídoto: contraveneno. Medicamento usado para frustrar a ação de um veneno, antitóxico, contrapeçonha.

Improvisou | improvisar: fazer, arranjar, inventar ou preparar às pressas, de repente.

Discurso: oração, fala.

Proceder: ter origem, originar-se, derivar(-se). Provir por geração, descender. Ações, procedimento.

Aposentos | aposento: compartimento da casa, especialmente o quarto de dormir.

Residência, moradia, hospedagem.

Ditosa: que tem dita, feliz, venturosa.

O RETORNO DE JESUS

Tradição: transmissão de valores espirituais através de gerações. Recordação, memória.

Interrupção: ato ou efeito de interromper(-se), suspensão. Aquilo que faz cessar um ato ou estado.

Laborioso: amigo de trabalhar, trabalhador.

Missionário: aquele que missiona, pregador de missões. Propagandista, defensor, propugnador.

Aparição | aparecimento: ato ou efeito de aparecer. Origem, princípio.

Mentores | mentor: pessoa que guia, ensina ou aconselha outra, guia, mestre, conselheiro.

Vigente: que vige ou vigora, vigorante.

Traidor: que atraiçoa. Perigoso, com aparência de seguro. Aquele que atraiçoa.

Martilizá-lo | martirizar: dar tratos ou martírios a, fazer sofrer o martírio. Afligir, atormentar, mortificar.

Redimiu | redimir: adquirir de novo. Tirar do cativeiro, do poder alheio, resgatar. Indenizar, compensar, reparar, ressarcir. Livrar das penas do inferno, salvar. Fazer esquecer, expiar, pagar. Recuperar-se de uma falta, reabilitar-se.

O VALOR DA PRECE

Descontração | descontrair: fazer perder o constrangimento, ficar natural, desembaraçar-se.

Travada: entabulada.

Abordou | abordar: tratar de, versar (tema, assunto).

Empreender: deliberar-se a praticar, propor-se, tentar (empresa laboriosa e difícil). Pôr em execução.

Privilégio: vantagem que se concede a alguém com exclusão de outrem e contra o direito comum. Permissão especial. Prerrogativa, imunidade. Dom, condão.

Livre-arbítrio: possibilidade de exercer um poder sem outro motivo que não a existência mesma desse poder, liberdade de indiferença. Refere-se o livre-arbítrio principalmente às ações e à vontade humana, e pretende significar que o homem é dotado do poder de, em determinadas circunstâncias, agir sem motivos ou finalidades diferentes da própria ação. *"É a liberdade de exercer um poder sem outro motivo que não a existência mesma desse poder. Refere-se principalmente às ações e à vontade humana, pretende significar que o homem é dotado do poder de, em determinadas circunstâncias, agir sem motivo ou finalidade diferentes da própria ação, porque o homem tem liberdade de pensar e de agir. Sem livre-arbítrio o homem seria uma espécie de máquina. Há liberdade de agir, desde que haja liberdade de fazer. Kardec considerou o seguinte em seu dicionário: 'Liberdade moral do homem; faculdade que ele tem de se guiar, segundo sua vontade, na realização de seus atos. Os espíritos nos ensinam que a alteração das faculdades mentais, por uma causa acidental ou natural, é o único caso em que o homem está privado de seu livre-arbítrio; fora isso, ele é sempre o responsável pelo que faz ou que não faz. Ele goza dessa liberdade no estado de espírito, e é em virtude desta faculdade que ele escolhe livremente a existência e as provas que acredita serem próprias para o seu progresso, quando elas não lhe são impostas; ele conserva a liberdade no estado corporal, a fim de poder lutar contra essas mesmas provas. (...)"* LIVRE-ARBÍTRIO. In: PALHANO, Jr., L. *Dicionário de filosofia espírita.* 3. ed. Rio de Janeiro: Edições Léon Denis, 2004. p. 188.

Arbítrio: resolução que depende só da vontade. Arbitragem. Parecer, opinião.

Singelo: simples, sem malícia, ingênuo, crédulo, simplório. De modo simples, com simplicidade.

CONHECENDO ALLAN KARDEC

Tênue: delgado, fino, sutil. Débil, frágil, grácil. Pouco importante ou ponderável, de subs-

tância escassa.

Reparos | reparo: remédio, ajuda, auxílio, socorro.

Exclusiva: privativa, restrita.

Pseudônimo: nome falso ou suposto, em geral adotado por um escritor, por um artista, etc.

Fúteis | fútil: frívolo, leviano. Insignificante, vão.

Preconceito: conceito ou opinião formados antecipadamente, sem maior ponderação ou conhecimento dos fatos, idéia preconcebida. Julgamento ou opinião formada sem se levar em conta o fato que os conteste, prejuízo. Suspeita, intolerância, ódio irracional ou aversão a outras raças, credos, religiões, etc.

Radicalismo: qualquer doutrina ou comportamento que, sendo politicamente inflexível, provoca antagonismos. Comportamento ou opinião inflexível.

CASAMENTO DE ALMAS

Fixação: ato ou efeito de fixar(-se). Apego exagerado, doentio, a uma pessoa, ou a uma coisa.

Infalível: que não falha. Que não pode deixar de ser, de acontecer, inevitável. Que nunca se engana ou erra.

Depositou | depositar: pôr em depósito, guardar (em lugar seguro). Colocar, confiar, fiar.

Interveio | intervenção: ato de intervir, interferência.

Aptidões | aptidão: disposição inata, queda. Habilidade ou capacidade resultante de co-nhecimentos adquiridos.

Compenetrada | compenetrado: convencido intimamente.

Afinidades | afinidade: relação, semelhança, analogia. Semelhança entre duas ou mais

espécies. Conformidade, identidade, igualdade. Tendência combinatória. Coincidência de gostos ou de sentimentos. Relação de parentesco que se estabelece através de casamento, vinculando os parentes de cada um dos cônjuges ao outro cônjuge e a seus parentes.

Revigorante: que revigora. Revigorar: dar novo vigor a, vigorar. Readquirir vigor, robustecer-se.

Mútuos | mútuo: recíproco.

Abundante: que tem ou existe em abundância, farto, abundoso. Em grande número, numeroso. Rico, abastado. Fértil, fecundo.

Polêmica: debate oral, questão, controvérsia.

Plenitude: qualidade ou estado de pleno. Em máxima extensão, brilho, glória.

UMA CAMINHADA NO BAIRRO CHIQUE

Imponente: que impõe admiração, majestoso, magnificente.

Estilo: conjunto de características da forma e dos motivos ornamentais que distinguem determinados grupos de objetos, de acordo com a época e o modo de fabricação.

Desdém: ato ou efeito de desdenhar. Desprezo com orgulho. Altivez, arrogância.

Íntimo: que está muito dentro. Que atua no interior.

Desigualdade: qualidade ou estado do que é desigual. Desigual: não igual, diferente, diverso. Variável, mutável, mudável, incerto. Inconstante, instável, volúvel, voltário. Não uniforme, irregular. Em que não há equilíbrio de forças, desproporcional. Parcial, injusto.

Excessos | excesso: diferença para mais entre duas quantidades. Aquilo que excede ou ultrapassa o permitido, o legal, o normal. Sobra, sobejo. Extremo, cúmulo.

Anônima: sem o nome ou a assinatura do autor, sem denominação. Sem nome ou nomeada, obscuro. Aquele que oculta o seu nome.

Insaciável: não saciável, que não se farta, ávido, sôfrego, avaro, insaturável.

Penúria: pobreza extrema, indigência, miséria. Privação do necessário, escassez, falta.

Divisaram | divisar: avistar, distinguir. Notar, observar, descobrir.

Passantes | passante: indivíduo que vai passando. Transeunte, que passa. Que vai andando ou passando, viandante. Indivíduo que vai andando ou passando, caminhante, andante. Indivíduo que circula no trânsito, no tráfego.

Idealismo: na acepção da palavra, sonho, devaneio, aspiração.

Persistência: qualidade ou ato de persistente. Perseverança, constância, pertinácia.

LIBERDADE DE ESCOLHA

Mourões | mourão: pau que sustenta o arame nos alambrados. Estaca na qual se sustenta a videira.

Repercussão: ato ou efeito de repercutir(-se). Bom êxito que se caracteriza pela influência exercida, pelo prestígio alcançado.

Prontificando | prontificar: apresentar pronto, aprontar. Dar, oferecer, ministrar. Mostrar-se pronto, declarar-se pronto a executar um trabalho, oferecer-se, dispor-se. Mostrar-se disposto, prestar-se, condescender.

Entendimentos | entendimento: combinação, acordo, ajuste.

Oportuno: que vem a tempo, a propósito, ou quando convém, apropriado. Cômodo, favorável.

O "GRANDE CIRCO"

Acesso: ingresso, entrada.

Consideração: ato ou efeito de considerar. Importância dada a alguém, respeito, deferência, estima.

Conteve | conter: manter dentro de certos limites, deter, controlar. Manter sob controle,

reprimir, sofrear. Refrear-se, reprimir-se, moderar-se.

Desprendimento: ato ou efeito de desprender(-se), abnegação, altruísmo, independência.

Revolucionar: causar notável mudança em, transformar.

Neutraliza | neutralizar: anular, inutilizar, eliminar. Tornar inertes as propriedades de (uma coisa).

Sustentar: segurar por baixo, servir de escora a, impedir que caia, suportar, apoiar, amparar. Proteger, favorecer, auxiliar.

Chaga: ferida aberta, úlcera.

A VERDADEIRA CARIDADE

Deparou | deparar: encontrar inesperadamente, defrontar, topar.

Marquise: espécie de alpendre ou cobertura saliente, na parte externa de um edifício, destinada a servir de abrigo.

Restringe | restringir: conter dentro de certos limites, limitar, delimitar. Reduzir, resumir.

Imprevidência: falta de previdência, desprevenção.

Imprudência: qualidade de imprudente, inconveniência. Ato ou dito contrário à prudência.

Cogitando | cogitar: refletir acerca de, pensar em, imaginar, excogitar. Ter em mente, tencionar, projetar. Refletir, pensar, imaginar, cuidar. Pensar. Ficar absorto em pensamentos, meditar, cismar.

Diligentemente | diligente: ativo, zeloso, aplicado. Ligeiro, rápido.

Degrada | degradação: deterioração, desgaste, estrago. Aviltamento, rebaixamento, abjeção.

Anexo: ligado, junto, contíguo. Incorporado, apenso. O prédio que, num conjunto edifica-do, é dependente de outro, principal, ou que o complementa.

Intuição: ato de ver, perceber, discernir. Percepção clara e imediata, discernimento ins-tantâneo, visão. Ato ou capacidade de pressentir, pressentimento. *"Uma modalidade de telepatia, quando a transmissão de pensamento se dá por meio do espírito do médium, ou melhor, de sua alma. Ela recebe o pensamento do espírito que se manifesta e o transmite. Nessa situação, o médium tem consciência do que fala e escreve, embora não exprima o seu próprio pensamento. É o que se chama médium intuitivo. O médium intuitivo age como se fosse um intérprete, que, para transmitir uma idéia, precisa compreendê-la, apropriar-se dela, de certo modo, para traduzi-la fielmente. (...)"* INTUIÇÃO. In: PALHANO, Jr., L. *Dicio-nário de filosofia espírita*. 3. ed. Rio de Janeiro: Edições Léon Denis, 2004. p. 166.

Utensílios | utensílio: objeto que tem utilidade como meio ou instrumento para alguma coisa, utilidade.

Aconchegante: que aconchega, conchegativo, agasalhador.

Altivez: qualidade de altivo, arrogância, orgulho, amor-próprio.

UM NATAL ESPECIAL

Carência: falta, ausência, privação. Necessidade, precisão.

Distinção: ato ou efeito de distinguir(-se), diferença, separação. Caracteres, característi-cas, qualidades, pelos quais uma pessoa ou uma coisa difere de outra.

Parábola: narração alegórica, na qual o conjunto de elementos evoca, por comparação, outras realidades de ordem superior.

Absorvendo | absorver: embeber em si, recolher em si, sorver. Acolher, receber. Aspirar, sorver. Recolher, apreender, assimilar. Aprender.

DESEJOS DE ANO NOVO

Fervilhasse | fervilhar: achar-se ou ficar em estado de excitação ou agitação intensa, esfervilhar.

Aspirações | aspiração: desejo intenso de alcançar um objetivo, um alvo, um fim.

Focados | focar | focalizar: pôr em foco, fazer voltar a atenção, o estudo, salientar, evidenciar.

Rogada | rogador: que roga. Que intercede, intercessor. Aquele que roga.

Contagiam | contagiar: ser invadido, tomado (por sentimento, emoção, etc.), como que por contágio.

Intervalo: espaço de tempo entre dois fatos, duas épocas. Pausa.

Indescritível: que não se pode descrever. Pasmoso, espantoso, extraordinário.

Fontes: AURÉLIO Eletrônico - Século XXI: software. Versão 1.05. São Paulo: Editora Nova Fronteira, 1999.; PALHANO, Jr., L. *Dicionário de filosofia espírita*. 3. ed. Rio de Janeiro: Edições Léon Denis, 2004.

Era uma vez para sempre

Leia também:

RÉSTIA DE LUZ

Primeiro livro editado pelo Vinha de Luz - Serviço Editorial, lançado por ocasião do bicentenário de Allan Kardec (1804|2004) e dos 140 anos da primeira edição de *O Evangelho Segundo o Espiritismo* (1864|2004). Traz mensagens recebidas de espíritos diversos, psicografadas pelo médium Geraldo Lemos Neto, que interpretam as lições de *O Evangelho Segundo o Espiritismo*, nos indicando os caminhos mais certos da vida no permanente convite de nosso Mestre e Senhor Jesus.

ESPÍRITOS DIVERSOS
PSICOGRAFIA DE GERALDO LEMOS NETO

Ignácio de Antioquia

Uma viagem ao tempo da simplicidade e da pureza do Cristianismo, em sua mais bela e genuína expressão. Obra mediúnica repleta de episódios históricos do Cristianismo primitivo, que resgata para a memória da humanidade a vida e a trajetória de um dos seguidores mais valorosos de nosso Senhor Jesus Cristo.

Pelo Espírito Theophorus
Psicografia de Geraldo Lemos Neto

Sementeira de Luz

Voltando à Terra no século XIX, Neio Lúcio encarna a personalidade de Arthur Joviano, cujo núcleo familiar, em missão redentora de um passado longínquo, conta com as presenças de personagens descritos nos romances *50 anos depois* e *Renúncia*. Desprendido em 1934, Neio Lúcio inicia sua comunicação com a família, através da mediunidade de Chico Xavier, em reuniões semanais de culto evangélico na casa de Rômulo Joviano, em Pedro Leopoldo | MG. As mensagens, repletas de sabedoria e amor extremado por todos aqueles com os quais conviveu, são bem a confirmação dos compromissos reparadores que assumimos na Espiritualidade, alicerçados nos ensinamentos de Jesus para nos tornarmos legítimos semeadores da Boa Nova.

Pelo Espírito Neio Lúcio
Psicografia de Francisco Cândido Xavier
Organização de Wanda Amorim Joviano

Irmão José Irmão em Cristo

Irmão José, um dos mentores espirituais da Fraternidade Espírita Cristã Francisco de Assis - Fecfas, em Belo Horizonte | MG, é o autor dos textos que compõem este livro. Psicografadas por Ivanir Severino da Silva, que tem, desde os 19 anos de idade, a companhia amorosa do benfeitor amigo, as mensagens configuram o testemunho inconteste de um trabalhador incansável a serviço de Jesus no orbe terrestre, chancelando a máxima kardequiana: *"Fora da caridade não há salvação"*.

PELO ESPÍRITO IRMÃO JOSÉ
PSICOGRAFIA DE IVANIR SEVERINO DA SILVA

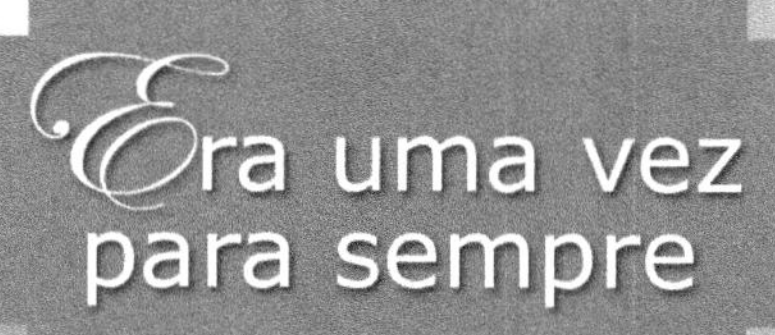

Era uma vez
para sempre

SERVIÇO EDITORIAL

Fraternidade Espírita Cristã
Francisco de Assis

Rua Coroaci, 50 - Vista Alegre
Belo Horizonte - Minas Gerais - Brasil
30512-650 - Tel.: (31) 3386-2334

www.fecfas.org.br

Este livro foi composto em tipologia Verdana Regular, corpo 11,
predominantemente. Capa impressa em papel Supremo 300g
e miolo impresso em papel Pólen Bold 70g.
Lis Gráfica e Editora Ltda., Guarulhos, São Paulo.

9 788599 065068